初歩からの
建築製図

【編著】藤木庸介・柳沢　究
【著】田中建史・長野良亮・梅本友里恵

学芸出版社

はじめに

建築設計を行うには、まず、製図板の前を離れ、自らの求める空間や建築の造形について十分にイメージしてみることが大切です。また、こうしたイメージをスケッチしてみたり、あるいはスタディ模型を作ってみたりするのもよいでしょう。建築は、このような試行錯誤を経てはじめて創出されるのであり、建築設計の苦楽は、まさにここにあると言って過言ではありません。しかし、このようにして創出された建築のイメージは、当然のことならが、このままでは建築にはなり得ません。こうしたイメージを具体的な建築として形に表し、他者に対して伝達するための手段が必要です。そこで「図面」が、最も主要な手段として必要になるのです。

本書は、例えば大学の建築・住居系学部・学科における１～3年生を対象として、建築設計の初学者が製図を学ぶ際に、図面の書き方や見方を容易に理解し、そして習得できるようにまとめたものです。特にこれまでの製図の教科書には無い試みとして、イラストを各所に用い、重要な点や留意すべき点を示しています。これによって、初学者がつまずきやすいポイントを易しく解説し、また、見過ごしてしまいがちなことに気付けるような工夫をしました。

巻末には建築設計の演習であがる「よくある質問」を取り上げ、これらに回答をしました。ここで取り上げた「よくある質問」は、初学者からのものはもちろん、次のステップに進んだ時にあがる質問や、プレゼンテーション時の留意事項、さらには日々の設計演習時における悩みなどにも及んでいます。また、こうした質問に対する回答は、できるだけ本文にリンクさせ、事例を参照しながら理解できるようにしました。したがって、本書は製図の入門時のみならず、学生諸君それぞれが建築設計を学ぶ多くの期間を通して使用することができるでしょう。

そして本書が必要でなくなった時、それは建築設計の基礎を習得したことを示しています。その日が来るまで、本書が学生諸君の一助となれば幸いです。

本書をまとめるにあたり学芸出版社の知念靖廣氏には、本書の企画段階から継続的に、ご助言とご尽力を頂きました。ここに心からお礼を申し上げます。

編者　藤木庸介

【目　次】

【本書の使い方】

▷建築製図をこれから始める人は：

まず第１章で道具やその使い方を、第２章で基本的な図面の描き方を学んだ上で、第３章・第４章を通じて本格的な製図にチャレンジしてください。手順をチュートリアル形式で詳しく解説していますので、本書を製図板の横に置きながら実際に製図を行うことが大切です。いきなり全てをやろうとは思わず、１つずつトライしましょう。そして学習の進展にあわせて第５章・第６章へと読み進めましょう。

▷建築製図に少し慣れてきた人は：

製図には知っているようで知らないルールやちょっとしたコツがあるものです。第１章・第２章・第６章・付録（よくある質問）を通読して、自分の理解をあらためて確認しましょう。ポイントは、ルール（どのように描くのか）を覚えるだけではなく、背景にある考え方（なぜそのように描くのか）を理解することです。第３章・第４章は、図面表現を確認する資料としても役立てください。CAD 製図に取り組む際には（またすでに CAD を使っている人も）、ぜひ第５章を一読してください。

▷注意点は博士イラストとコラムに：

本文に関連した内容で特に注意すべき事項は、博士イラスト（右）付きで強調して説明しています。また製図のテクニックとは直接関係しないものの必ず知っておいた方がよい、レイアウトやプレゼンテーションの考え方、提出締切前の注意点をコラムで解説しています。

▷設計製図課題のハンドブックとして：

学校での設計製図課題に取り組む際には本書を脇に置いて、図面の描き方や表現について分からないことがあったら、付録のよくある質問や該当するページを開いて、繰り返し確認してください。

■精確な線を引く練習をしてみよう (p.12 参照)

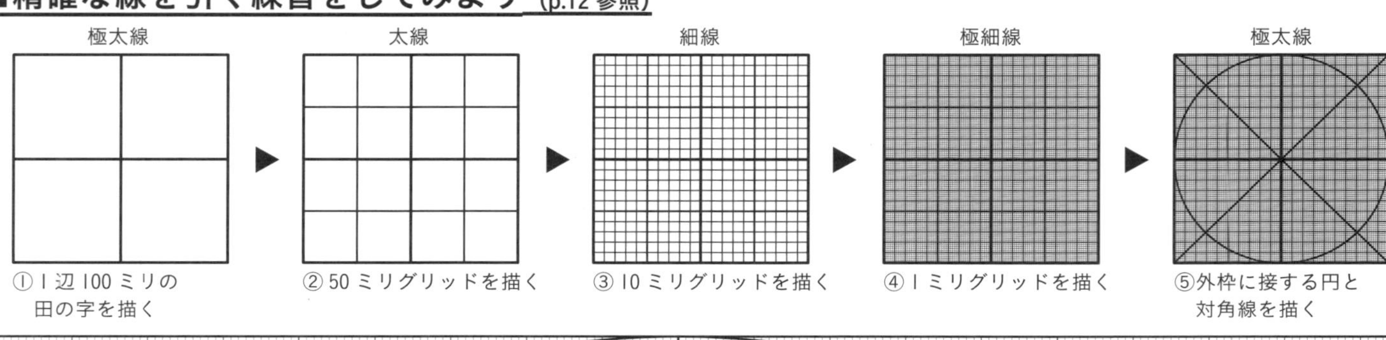

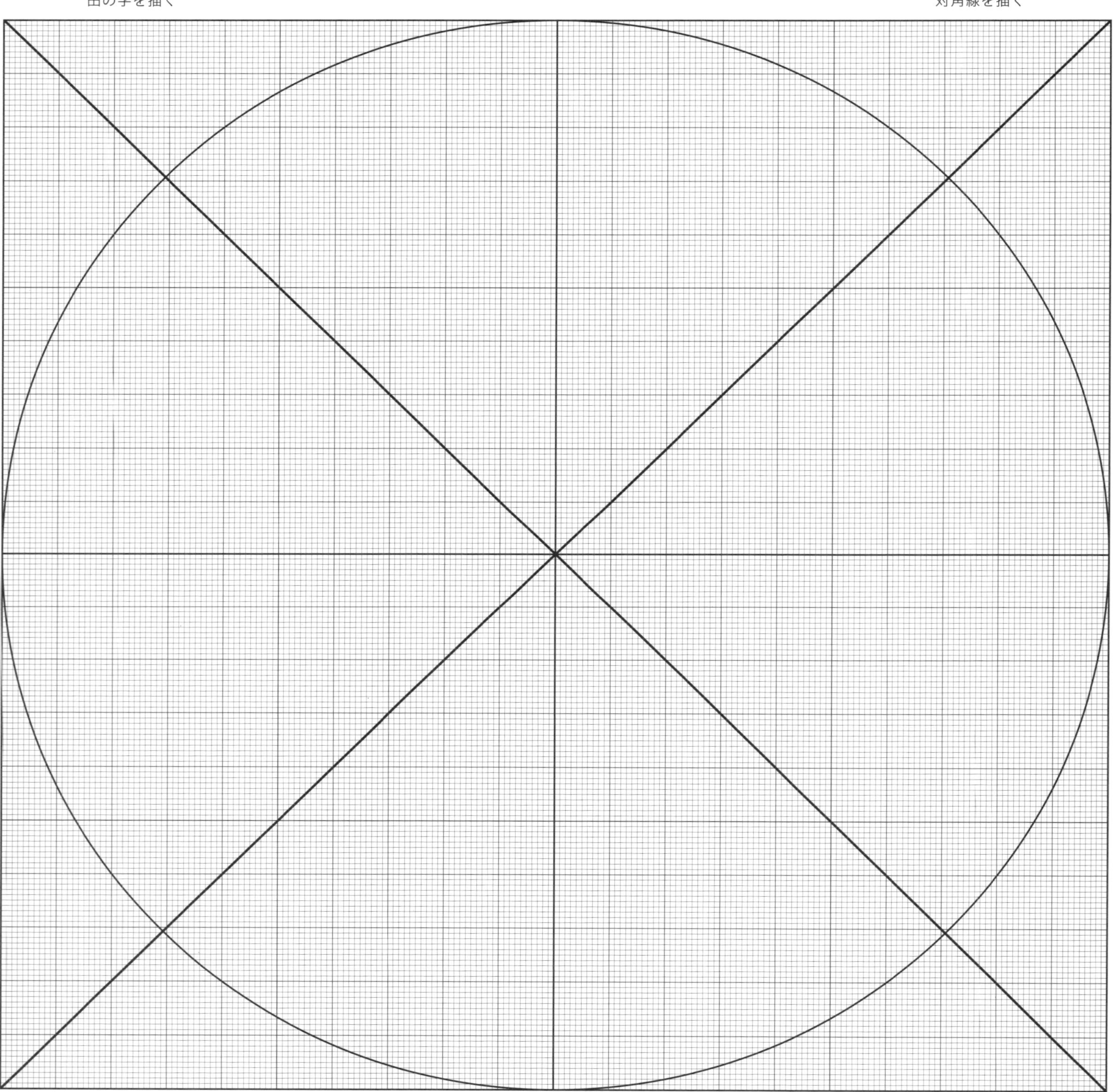

描くまえの基礎の基礎 ……………… 1

建築製図で使う用具の種類や使い方を紹介します。「線は左から右へ（右利きの場合）」「消しカスは手や息で払わない」といった、身につけておいた方がよい、ちょっとしたコツがあります。とりわけ「線の種類」の使い分けは何度も何度も確認して、頭に叩き込んでください。

◉製図用具の種類

■シャープペンシル

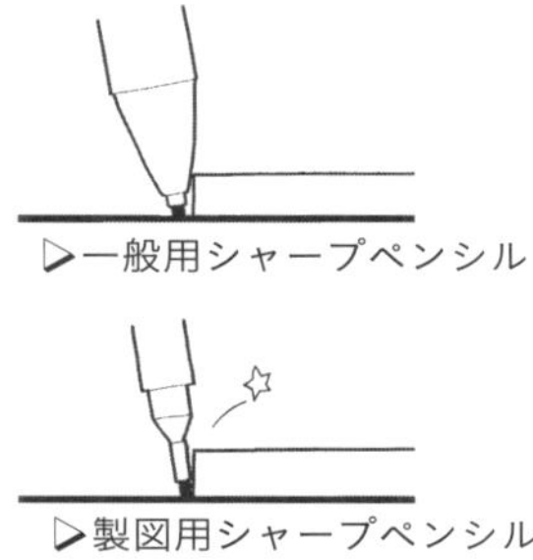

▷一般用シャープペンシル

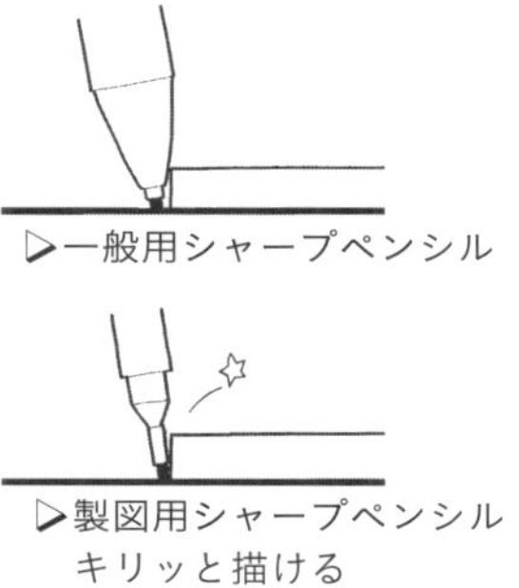

▷製図用シャープペンシル
キリッと描ける

- ▷必ず製図用のものを使うこと
- ▷芯の太さは主に 0.5 ミリのものを使用する
- ▷ 0.3 ミリや 0.7 ミリのものを併用することで、線に強弱をつけやすくなる
- ▷芯の濃さはＨＢから２Ｂ程度を使用する
- ▷使い慣れると 0.5 ミリ一本でも、線の強弱をつけられるようになる

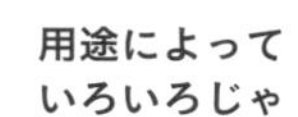

■ホルダー

- ▷これ一本で強弱のある線を引くことができる
- ▷こまめに芯研器で芯の先を整えねばならない

■消しゴム と 字消し板

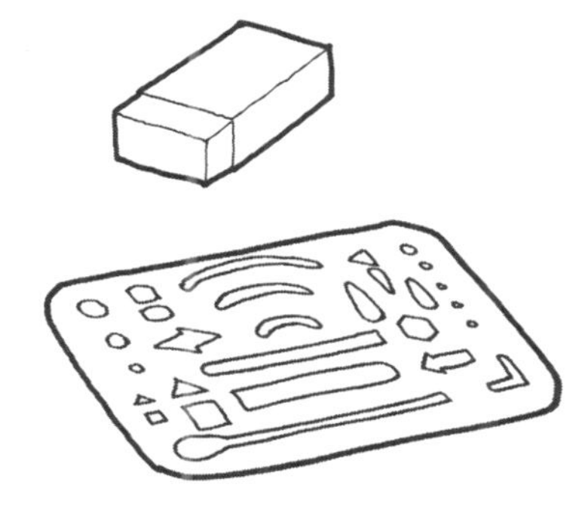

細部を消すのに便利

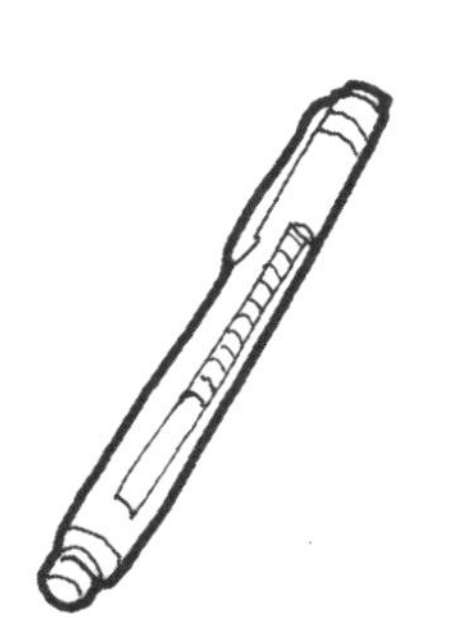

▷ペン型の消しゴムもある

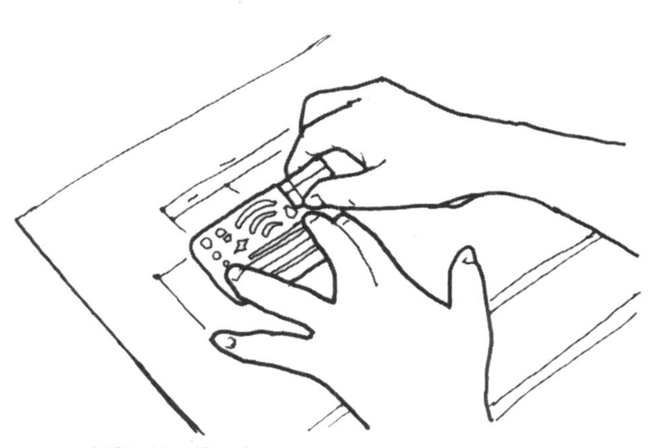

字消し板の使い方

▷これから消そうとする箇所に
字消し板にくり貫かれた適当な大きさの穴をあて、
上から消しゴムをかける

■羽ぼうき または 製図用ブラシ

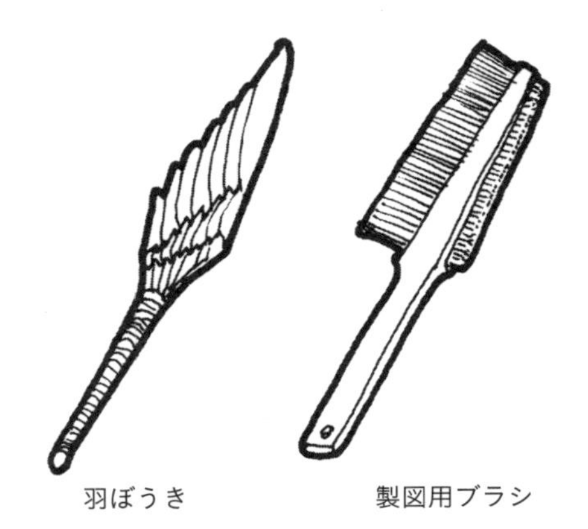

▷消しゴムの消しカスはあっという間に図面を汚す
▷製図用ブラシや羽ぼうきで、こまめに消しかすの除去をすること

▷消しカスを手で払うと、せっかくの図面が汚れるので ×

▷息を吹きかけて払うのも ×（ツバがとびます）

■三角スケール

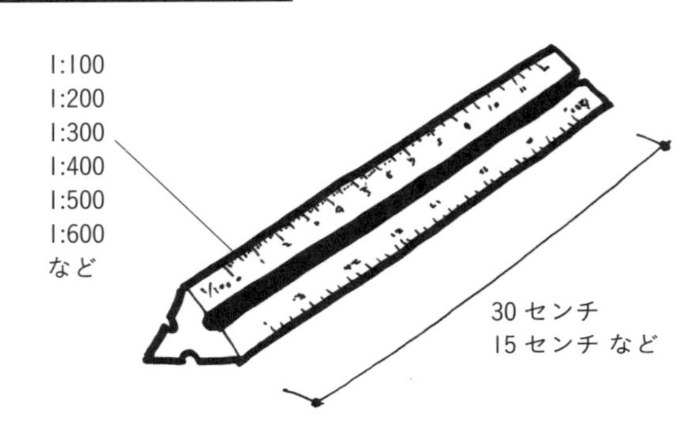

▷ 1:100 から 1:600 等、6 種類の縮尺に合わせた目盛りがついている定規
▷さまざまな縮尺をダイレクトに測ることができる
▷ 1:250 が含まれるものなど、いろいろな種類がある
▷長さ 30 センチのものと 15 センチのものが両方あると便利

▷誤差が生じないように、真上から目盛りを見るように注意すること

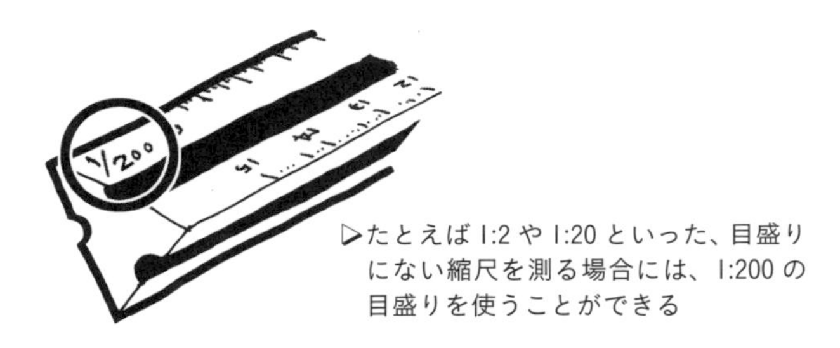

▷たとえば 1:2 や 1:20 といった、目盛りにない縮尺を測る場合には、1:200 の目盛りを使うことができる

■三角定規 と 勾配定規

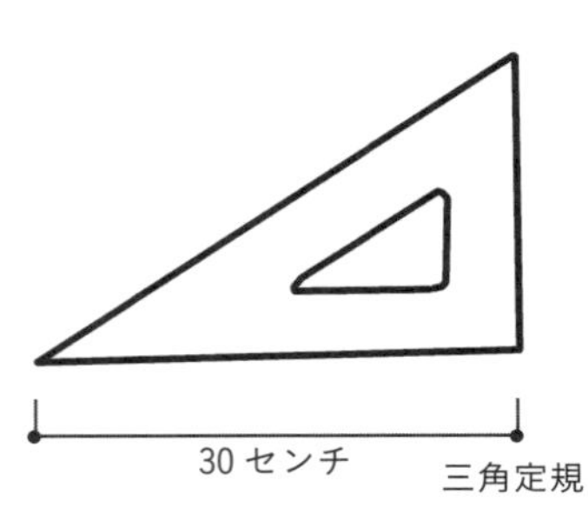

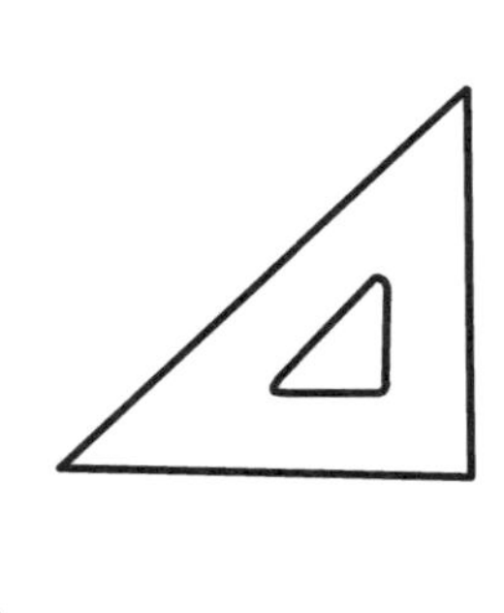

三角定規

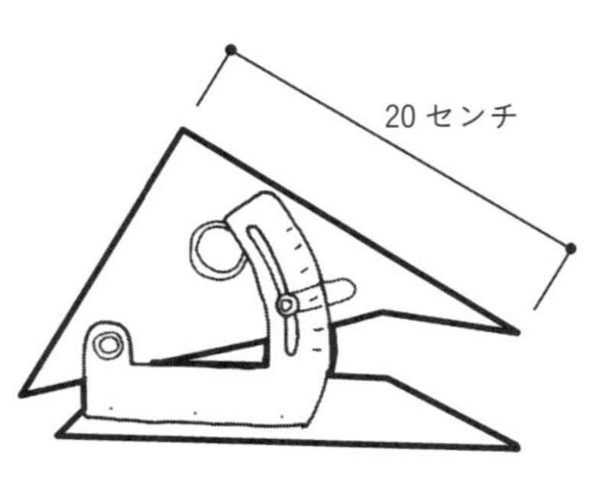

勾配定規

▷T 定規や平行定規とあわせて使うことで、垂直線をはじめとするさまざまな線を引くことができる
▷勾配定規は、あらゆる角度の線を引くのに役立つ
▷三角定規は 30 センチの線が描けるものが使いやすく、勾配定規は 20 センチの線が描けるものが使いやすい

■図形テンプレート

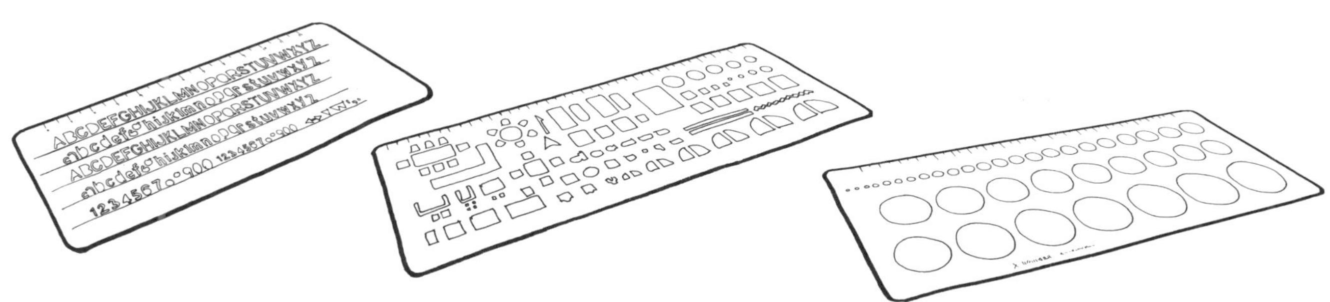

文字のテンプレート
▷数字やアルファベットを描くのに便利
▷ペン先をあまり細く研がずに力強く描くと上手に描ける

家具等のテンプレート
▷家具や衛生機器、ドアのラインを描くのに便利

円テンプレート
▷１ミリから数十ミリまでの径の円を描くのに使用する
▷それ以上の大きさの円はコンパスを使う

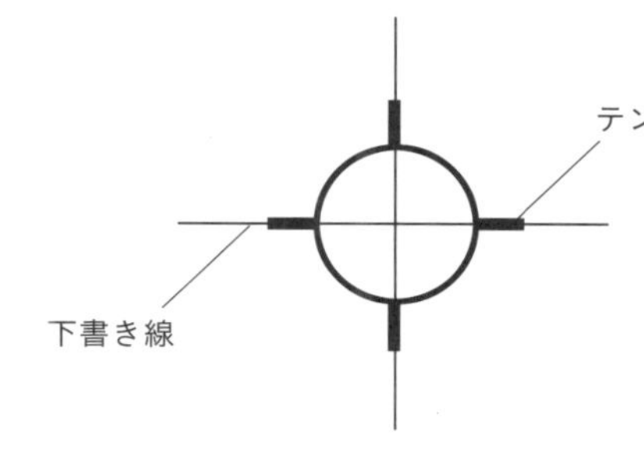

テンプレートで円を描く
▷これから描こうとする図形の中心を、テンプレートに表記された目印にしっかり合わせる
▷ペン先を垂直に立てて、ペンを回転させながら描く

■コンパス

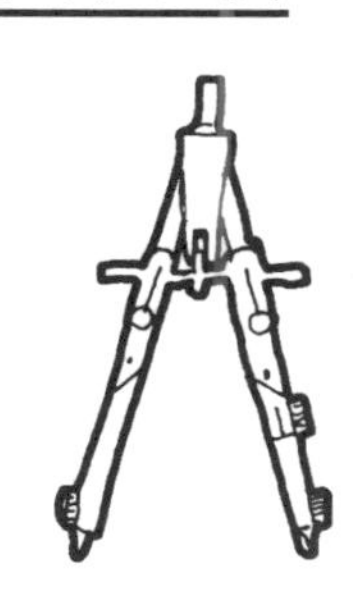

中心器
▷これを使うことによりコンパスの針の先で図面を傷めない

▷円の半径は、必ず紙面に描き出してコンパスに合わせる

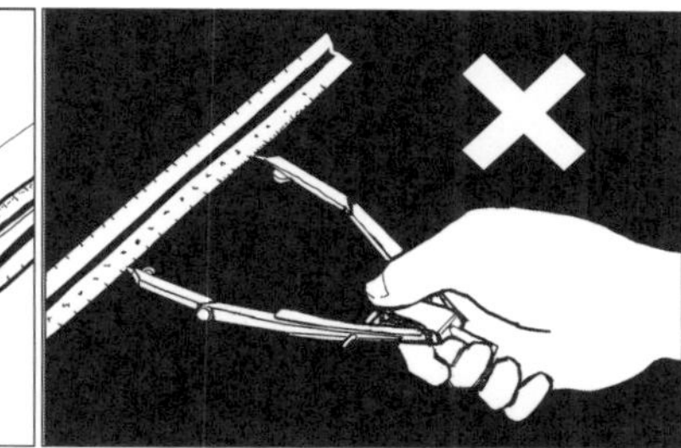

▷三角スケールから直接、寸法をとると、正確な円は描けない

■T定規と製図板 または 平行定規

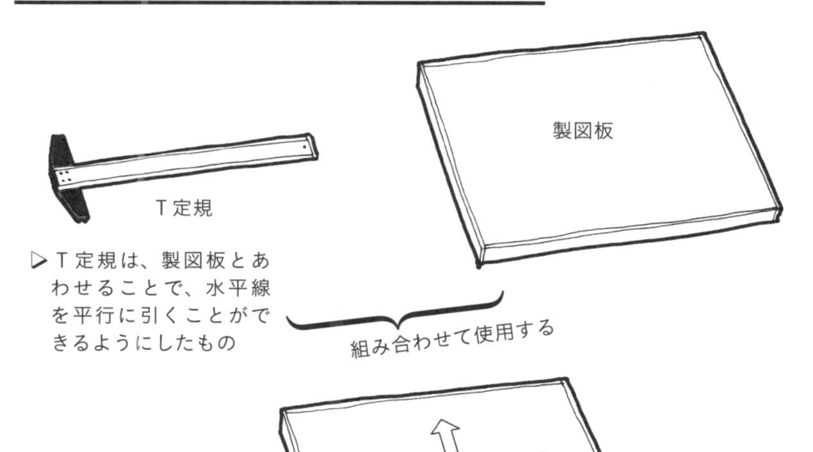

▷T定規は、製図板とあわせることで、水平線を平行に引くことができるようにしたもの

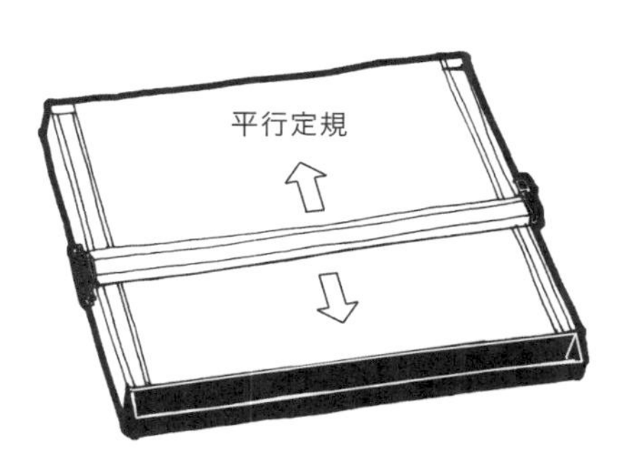

▷平行定規は、定規の両端にレールを渡し、これにそって定規が平行移動するもの

パチッと

エッジが透明なものが便利

■用紙、判のサイズ

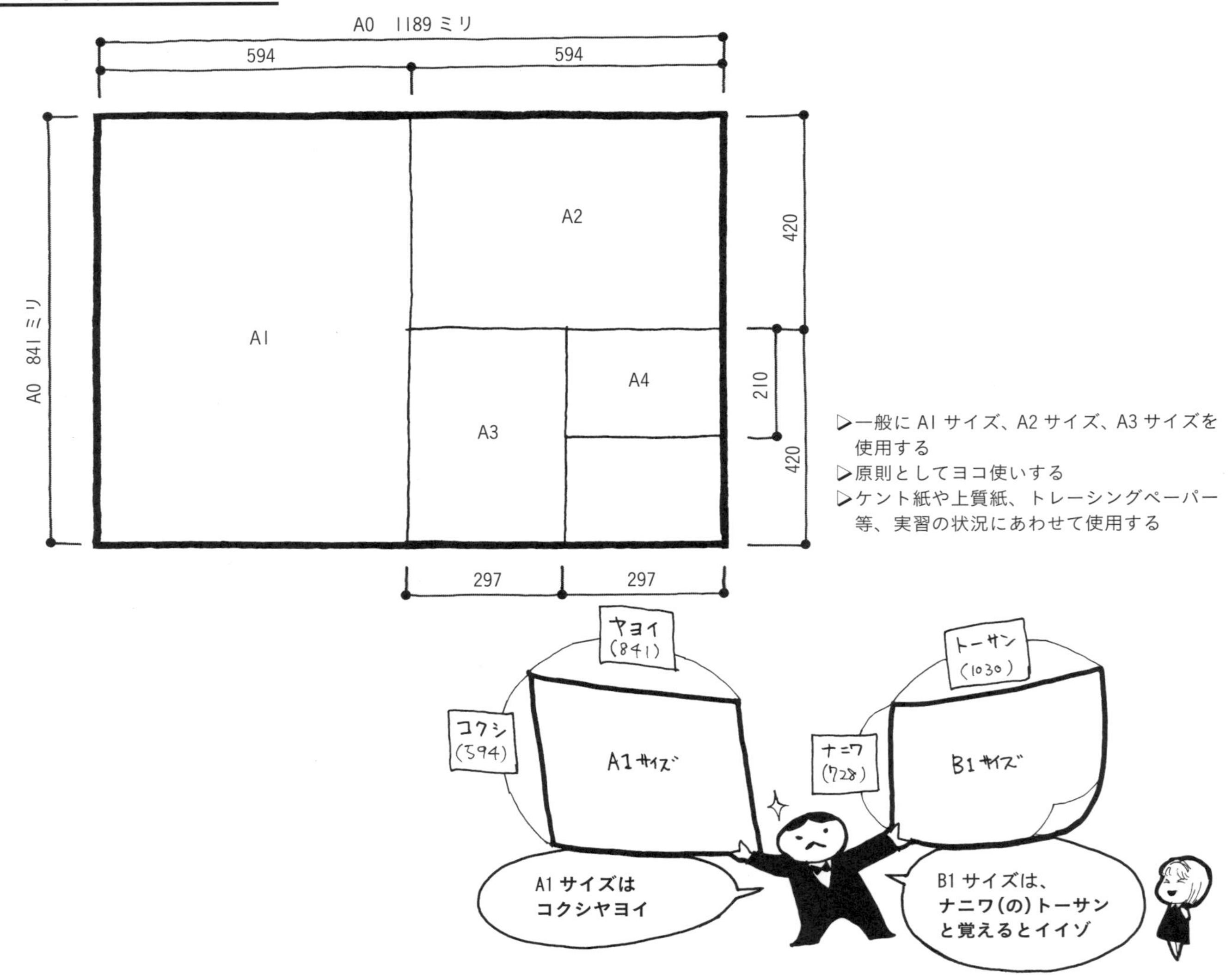

▷一般に A1 サイズ、A2 サイズ、A3 サイズを使用する
▷原則としてヨコ使いする
▷ケント紙や上質紙、トレーシングペーパー等、実習の状況にあわせて使用する

■用紙のセットのしかた

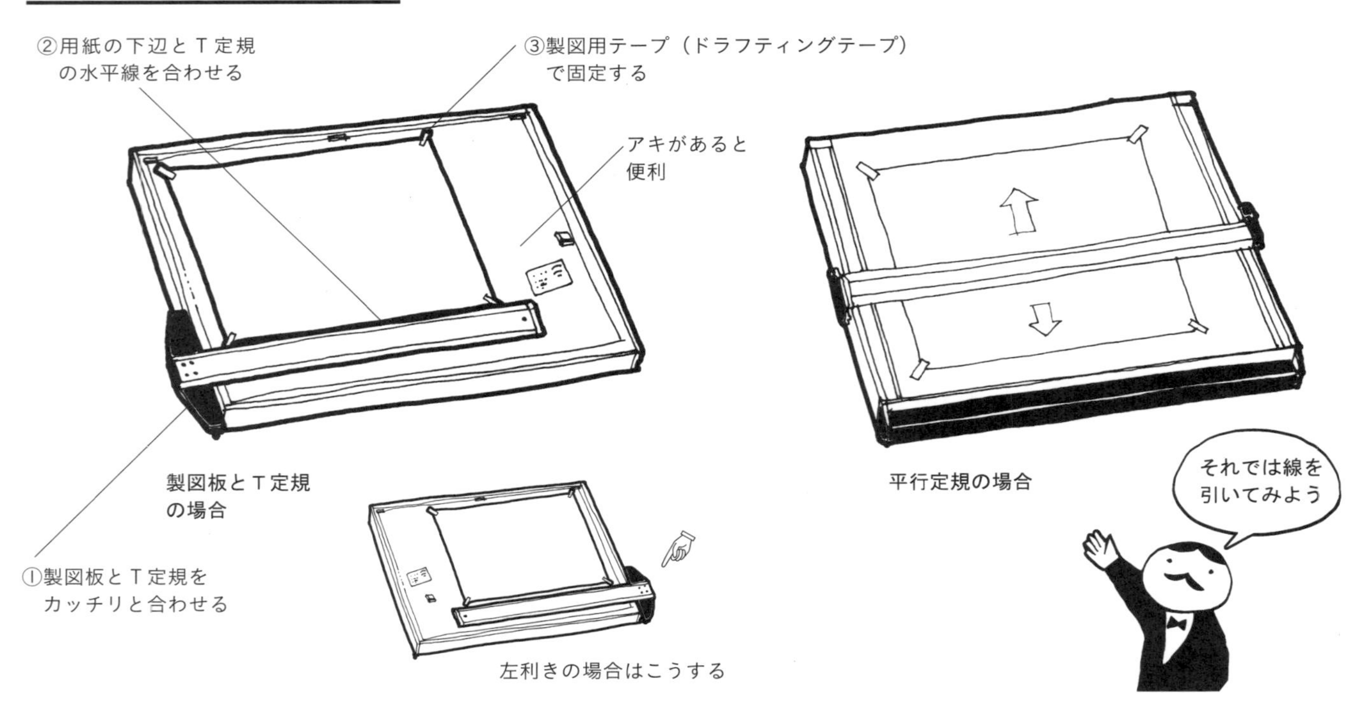

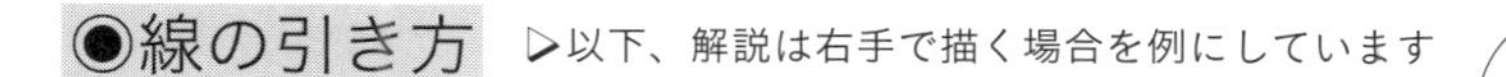

◉線の引き方

▷以下、解説は右手で描く場合を例にしています

■線を引くコツ

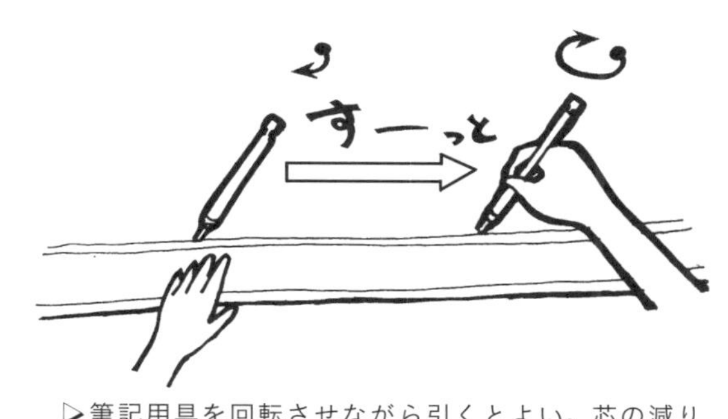

▷筆記用具を回転させながら引くとよい。芯の減りが一定になるため、ムラのない線を引ける

親指の位置に注目

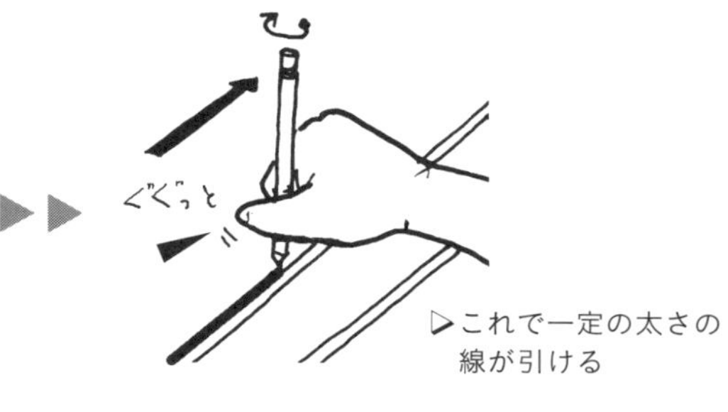

▷これで一定の太さの線が引ける

■水平線

線は左から右へ引く

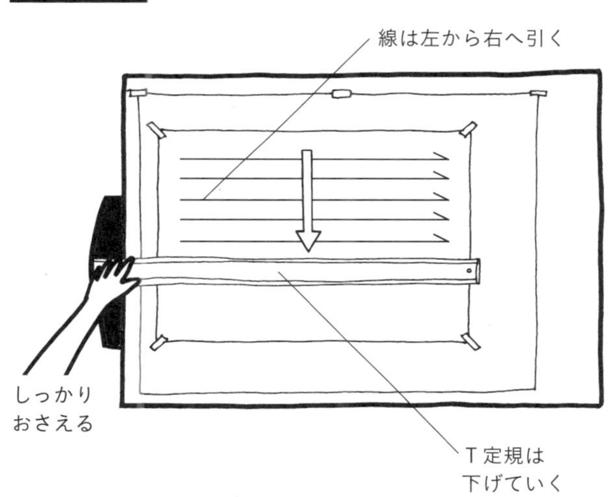

しっかりおさえる

T定規は下げていく

▷体から「外に」向かって引く

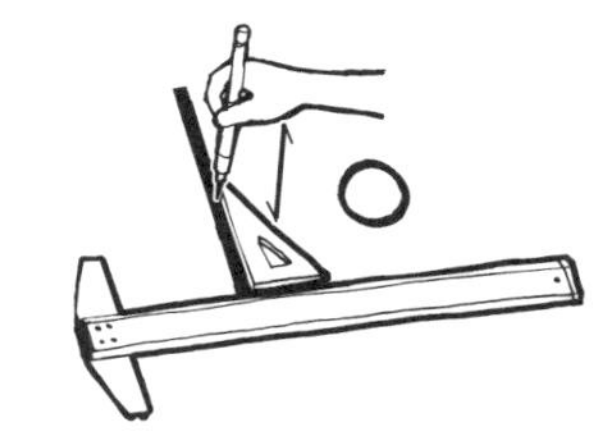

▷線を引く際の定規の位置に注意
必ず手首の側に定規が来るようにあてがう

■垂直線

線は下から上へ引く

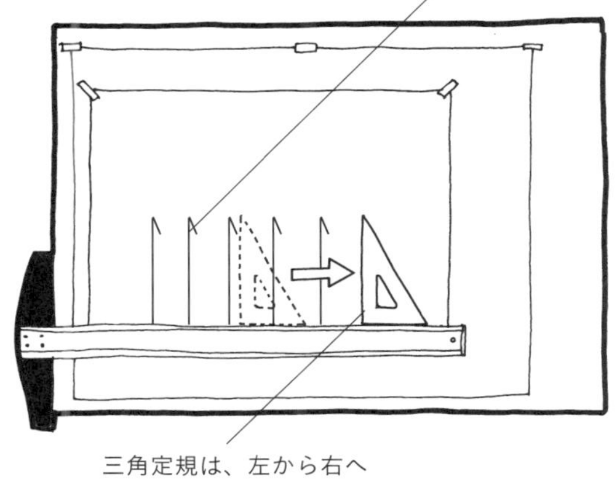

三角定規は、左から右へ

▷紙は一度張ったらはがさない
▷なので、必要な時は、体をひねって描く

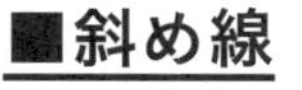

■斜め線

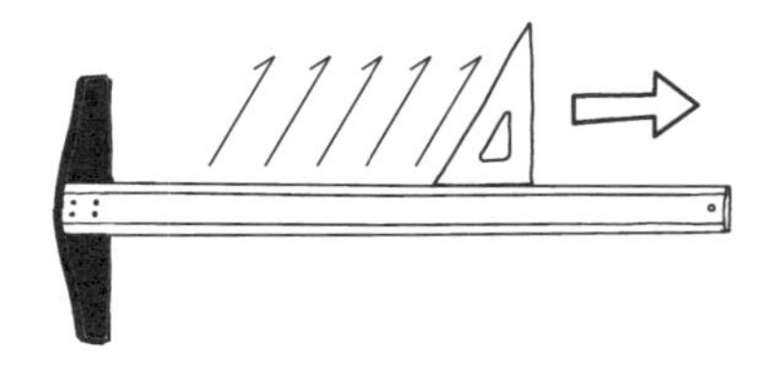

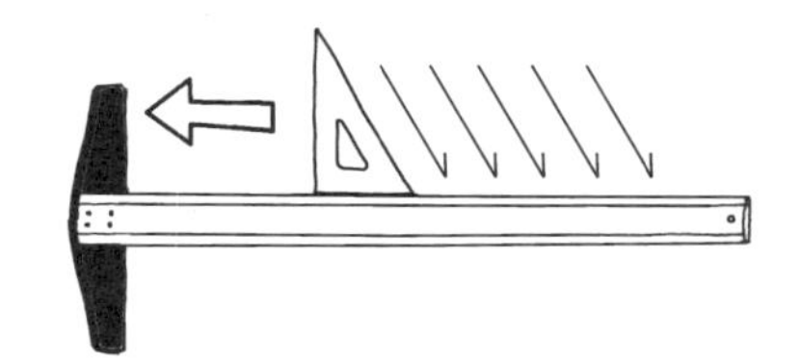

■自由に線を引いてみよう

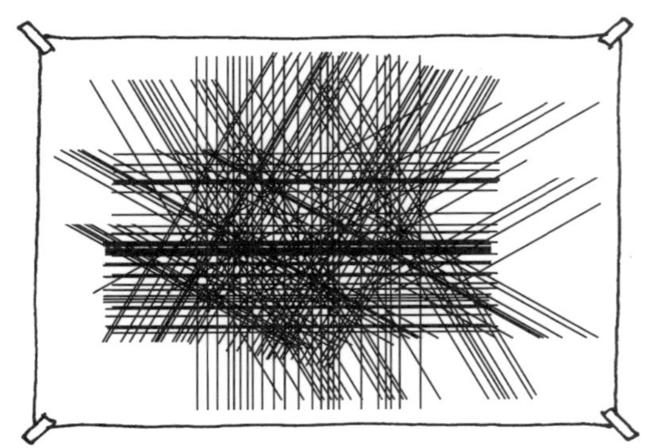

■描いてみると分かること

▷図面と定規がこすれると、すぐに図面が汚れる

▷細心の注意を払っても、
定規の裏側は汚れるので、
こまめにきれいに掃除する

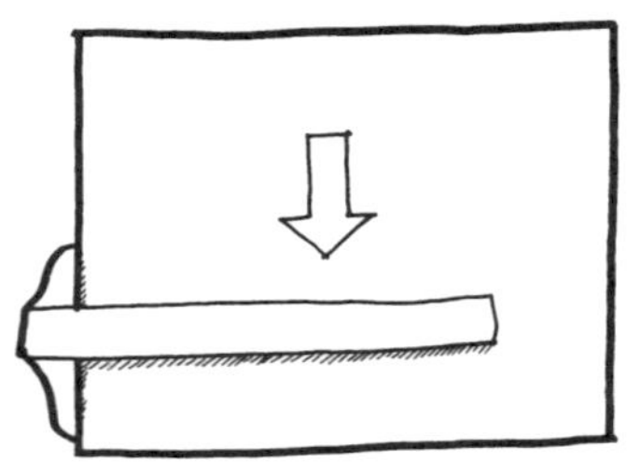

▷定規をすこし浮かせて動かすことで
こすれが減り、図面が汚れにくくなる

■線を引く際に気をつけるポイント

■精確な線を引く練習をしてみよう

☞ p.6 参照

■尺度とは

- ▷尺度とは、実際の大きさを1とした場合に、設計図に表記された大きさの比率を表すもの
- ▷実物よりも小さな尺度で表記したものを「縮尺」といい、建築の設計図では主要な尺度
- ▷ほかには、現尺・倍尺があり、これらは主に精密機器の詳細図に使用される

尺　度	画面の種類
1:1、1:2	部分詳細図・原寸図など
1:5、1:10、1:20、1:30	矩計図・各部詳細図など
1:50、1:100、1:200、1:300	配置図・平面図など
1:500、1:1000、1:2000	大規模な敷地の配置図など

■縮尺の違いによる図面表現

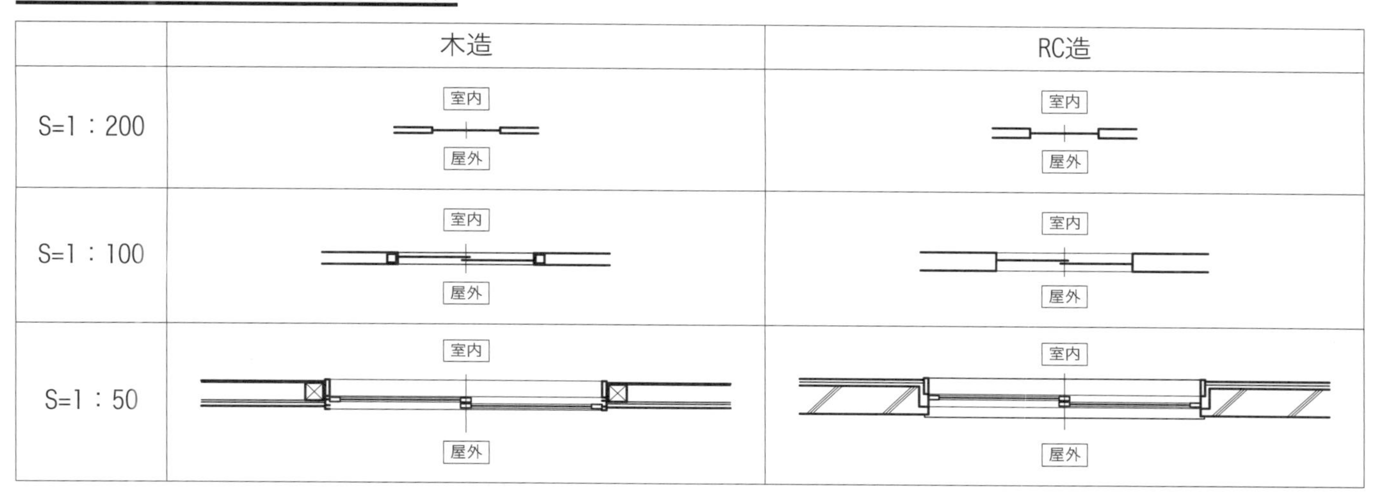

■文字と寸法の入れ方

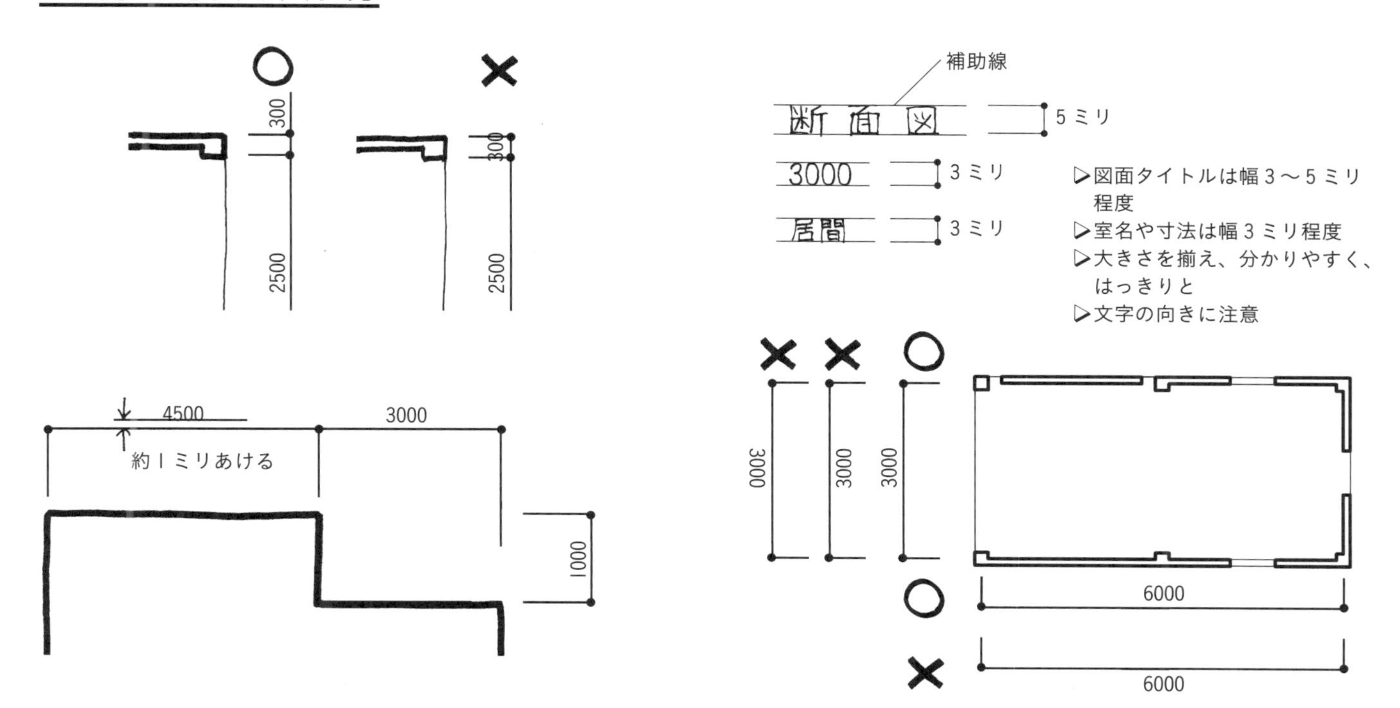

- ▷図面タイトルは幅3～5ミリ程度
- ▷室名や寸法は幅3ミリ程度
- ▷大きさを揃え、分かりやすく、はっきりと
- ▷文字の向きに注意

■製図に使用する線の種類

線の太さ	比率	基本的な考え方
極太 ────	4	断面線 特に強調したいもの
太 ────	2	極太／細にあてはまらないもの
細 ────	1	記号や注釈、強調したくないもの 太く描くと図面がわかりにくいもの

※太線は細線の倍、極太線は太線の倍の太さを目安にするとメリハリがつく

線の種類	基本的な考え方
実線 ────	物理的に存在し、見えるものを示す
破線 - - - - -	物理的に存在するが、見えないもの／今はないもの／移動するもの、などを示す
鎖線 ─ - ─ -	物理的に存在しない、概念上の位置／範囲／動き、などを示す

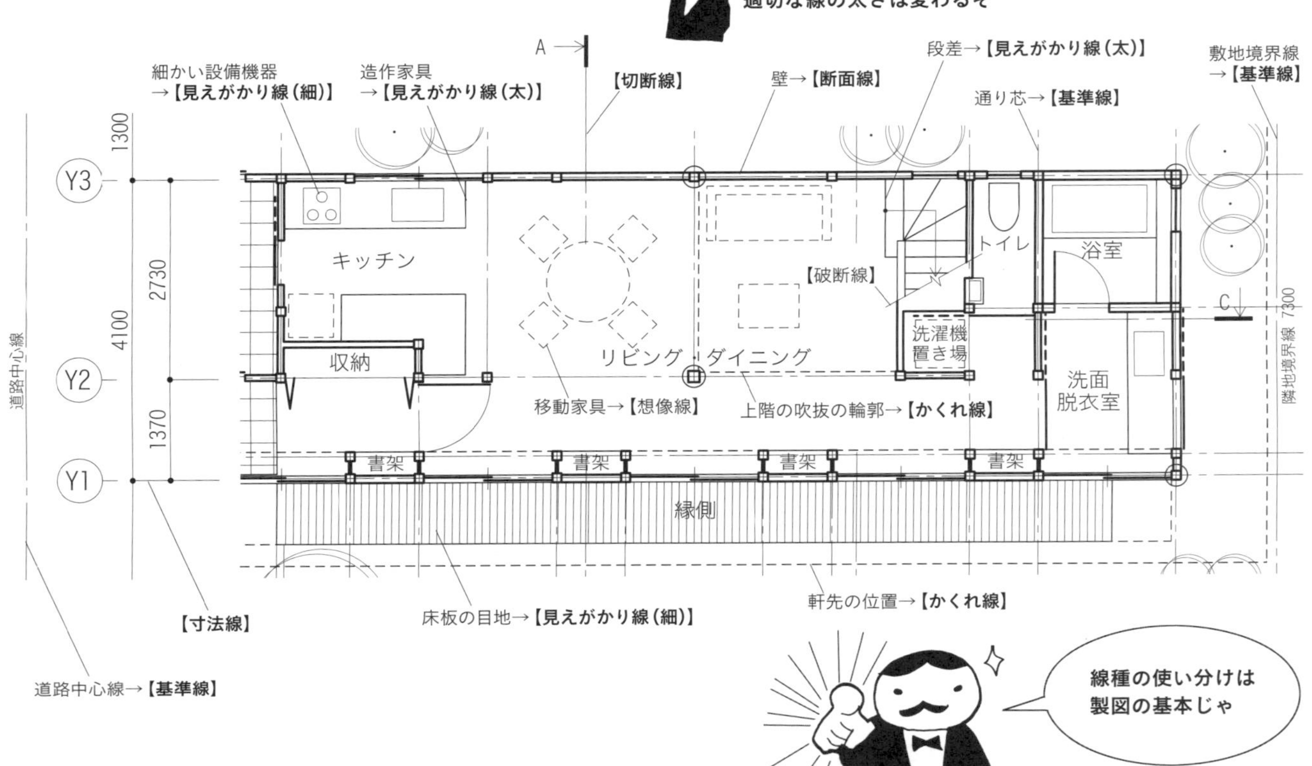

名称	用途	線種	太さ	例
断面線	平面図や断面図で切断されるものの輪郭 (平面図／壁・柱、断面図／梁・床など)	実線	極太	────
見えがかり線	切断されずに見えるものの形状。外形線 (平面図／段差・造作家具、断面図／窓など)	実線	太	────
見えがかり線	見えがかり線のうち強く表現すると見づらいもの (フローリングやタイルの目地・設備機器など)	実線	細	────
かくれ線	隠れて見えないが表現したいものの形状 (平面図／上にあるトップライトや吹抜など)	破線	太	- - - - - -
想像線	実際には無いが参考に示したいものの形状や位置 (後付や移動する家具・車・自転車など)	破線	細	- - - - - -
基準線	設計や施工の基準となる線 (通り芯・壁などの中心線・敷地境界線など)	1点鎖線	細	─ - ─ - ─ ※強調したい場合は太線を使う
切断線	断面図にして表す時の切断箇所を示す	1点鎖線	細	
破断線	上り階段を切断してその下を表現したり、繰り返しを省略する際に使う	実線	細	※強調したい場合は太線を使う
寸法線 引き出し線	寸法を表すために用いる 材料や工法などの注釈の記入に用いる	実線	細	600　梁
ハッチング	断面であることを強調して示す	実線	細	※45°で1〜3ミリ間隔程度をよく使う

図面のしくみを理解しよう……2

シンプルな箱形の建築を題材に建築製図の基本的な作法と表現を学びます。ルール（どのように描くのか）を覚えるだけではなく、背景にある考え方（なぜそのように描くのか）を理解しましょう。章末には、よく使う開口部や階段などの表現を資料としてまとめています。

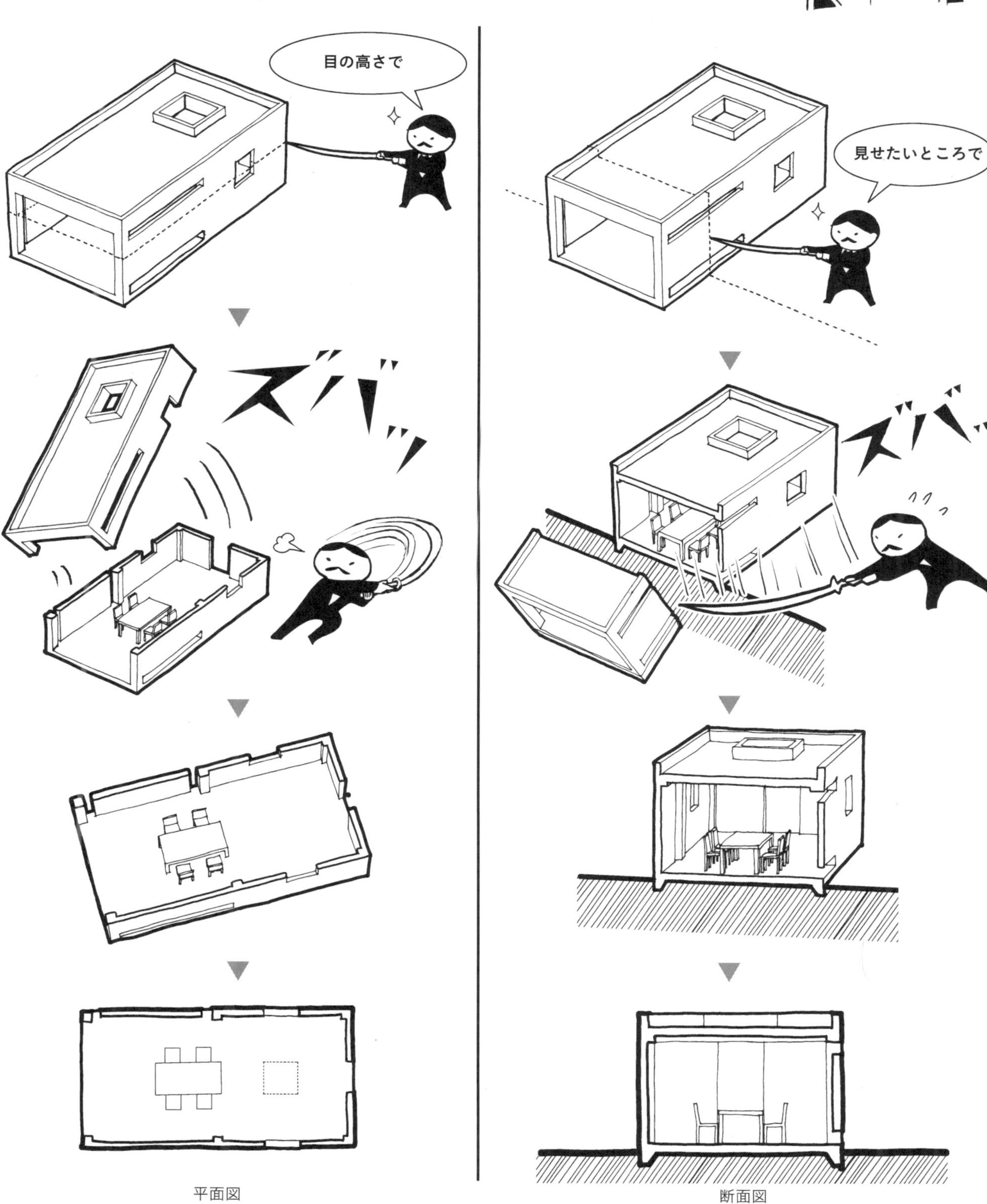

平面図

断面図

■建物のしくみ

なあにこの箱？
これは建築の基本を
学ぶための建物じゃ

入っても
いいわよね

わあ夕日！キレイね！

天井に穴が開いてる
これはトップライト
と言うんじゃよ

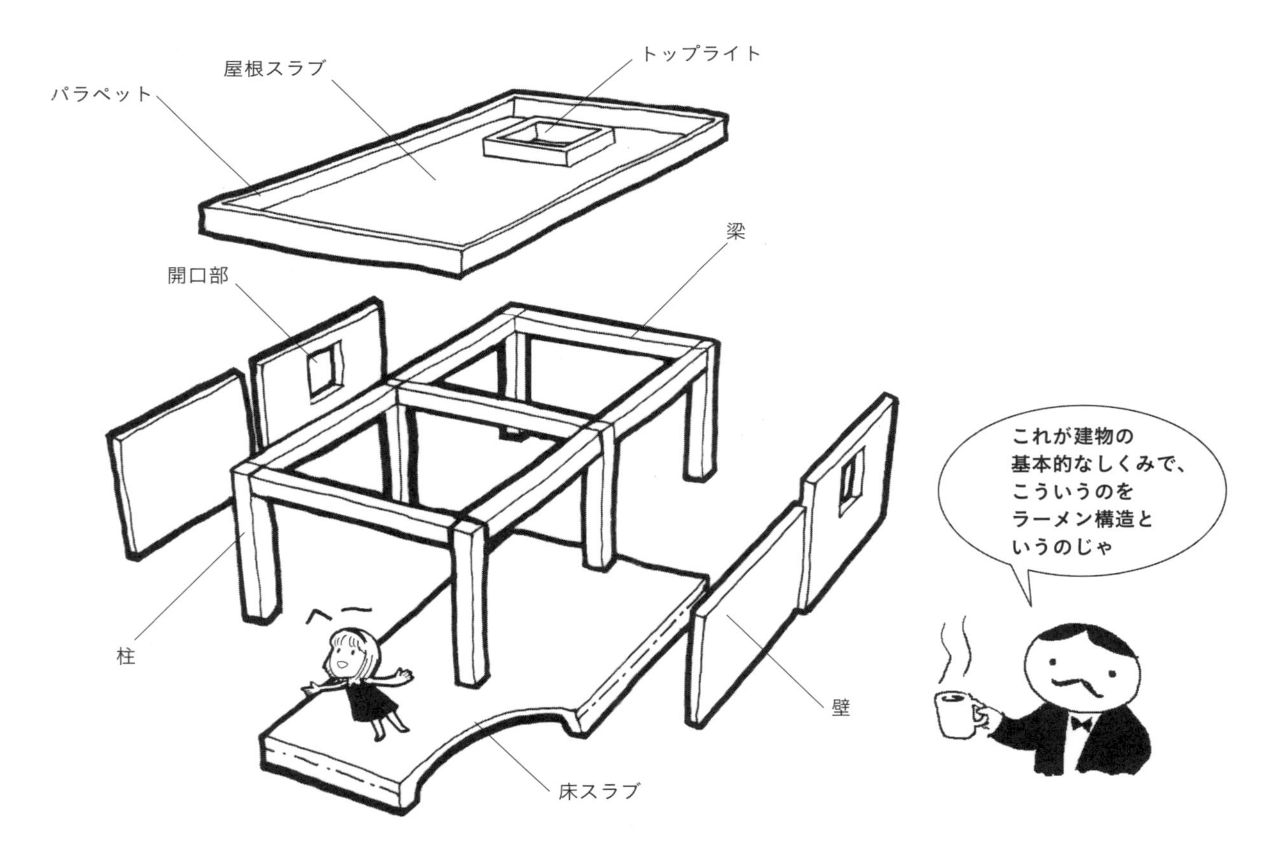

屋根スラブ
トップライト
パラペット
梁
開口部
柱
壁
床スラブ
これが建物の
基本的なしくみで、
こういうのを
ラーメン構造と
いうのじゃ

■建物と図面の関係

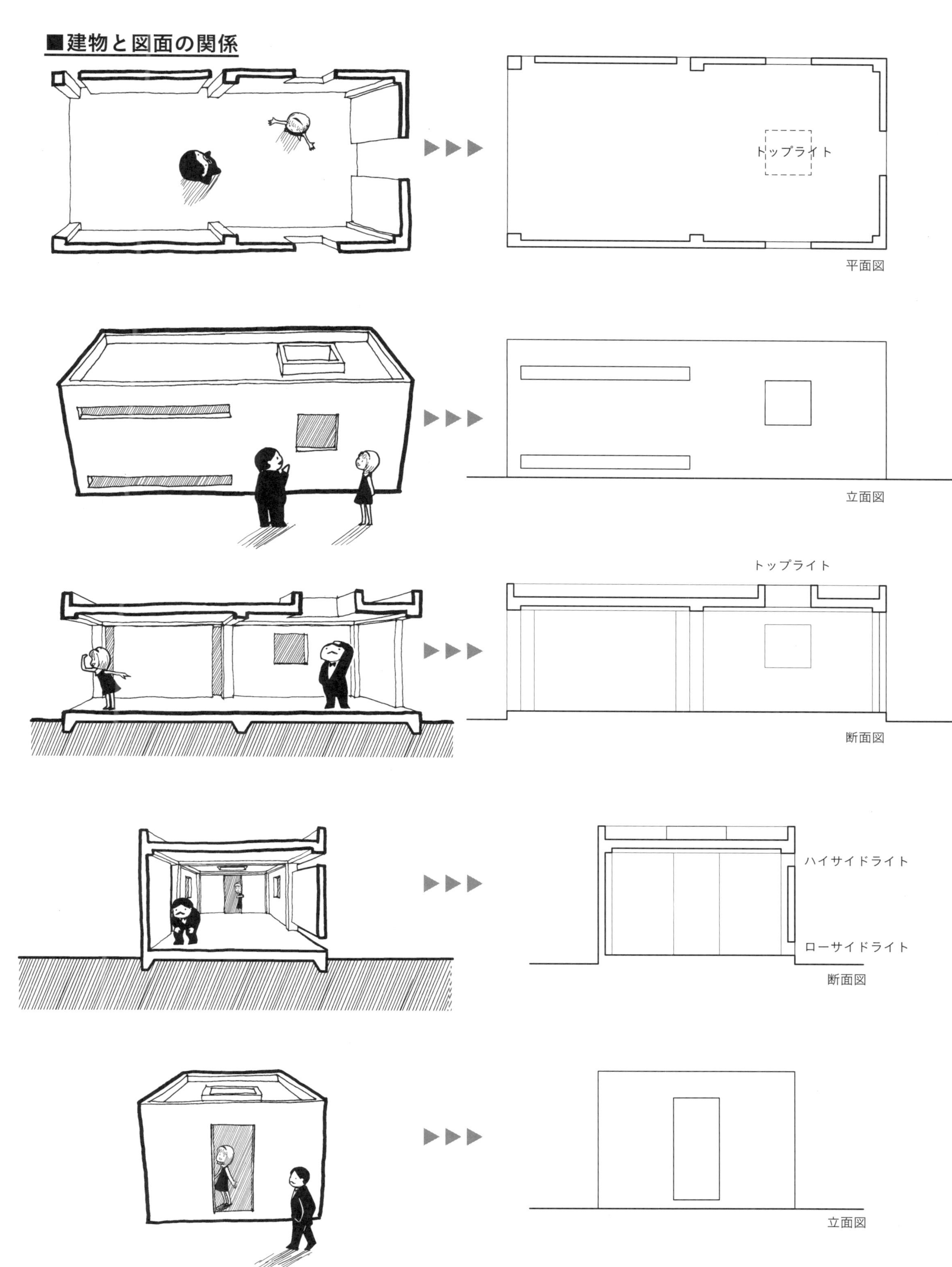

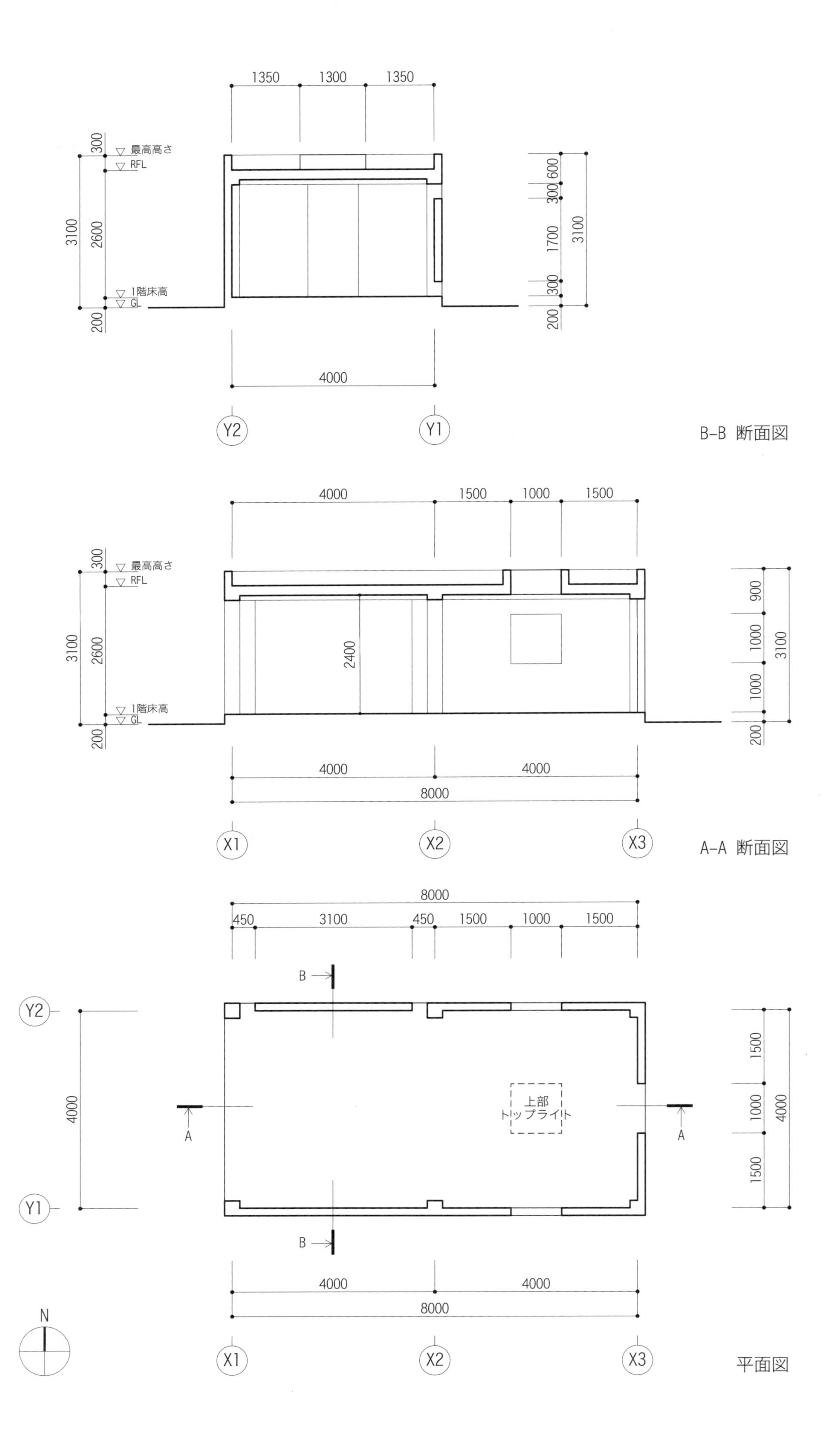
1350
1300
1350
最高高さ
RFL
1階床高
GL
300
3100
2600
200
600
1700
4000
Y2
Y1
B-B 断面図
4000
1500
1000
2400
900
8000
X1
X2
X3
A-A 断面図
450
3100
B
A
上部
トップライト
N
平面図

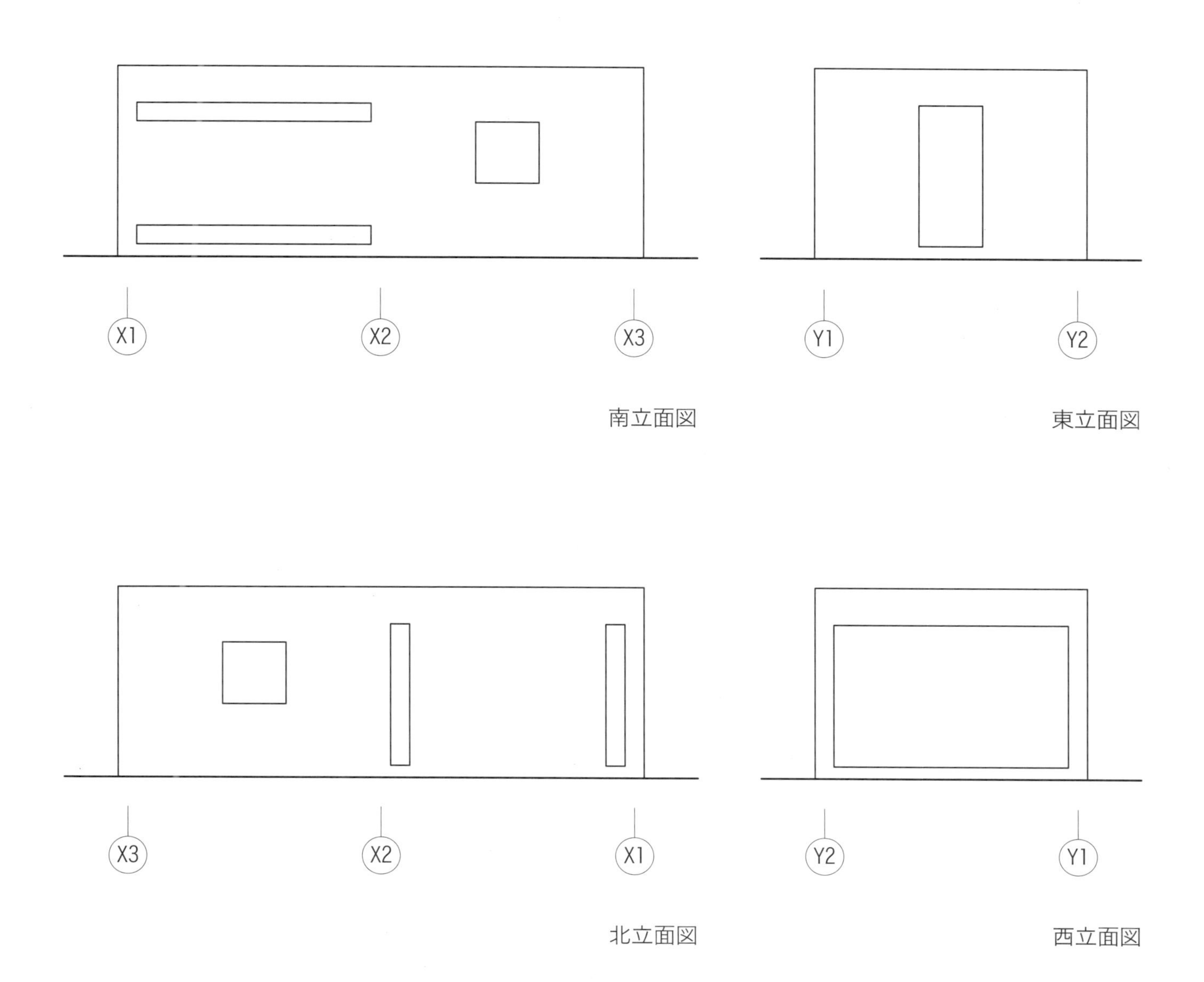

前ページで見た平面図や立面図、断面図を、きちんとした建物図面としてA3にレイアウトすると、このようになります。
図面のしくみと基本的な描き方を理解するために、次ページからの手順に沿って、実際に描いて練習してみましょう。

練習のためのボリューム			
平面図　断面図　立面図			
SCALE	1：100	DATE	2015. 04. 01
NAME	山田　プラン		

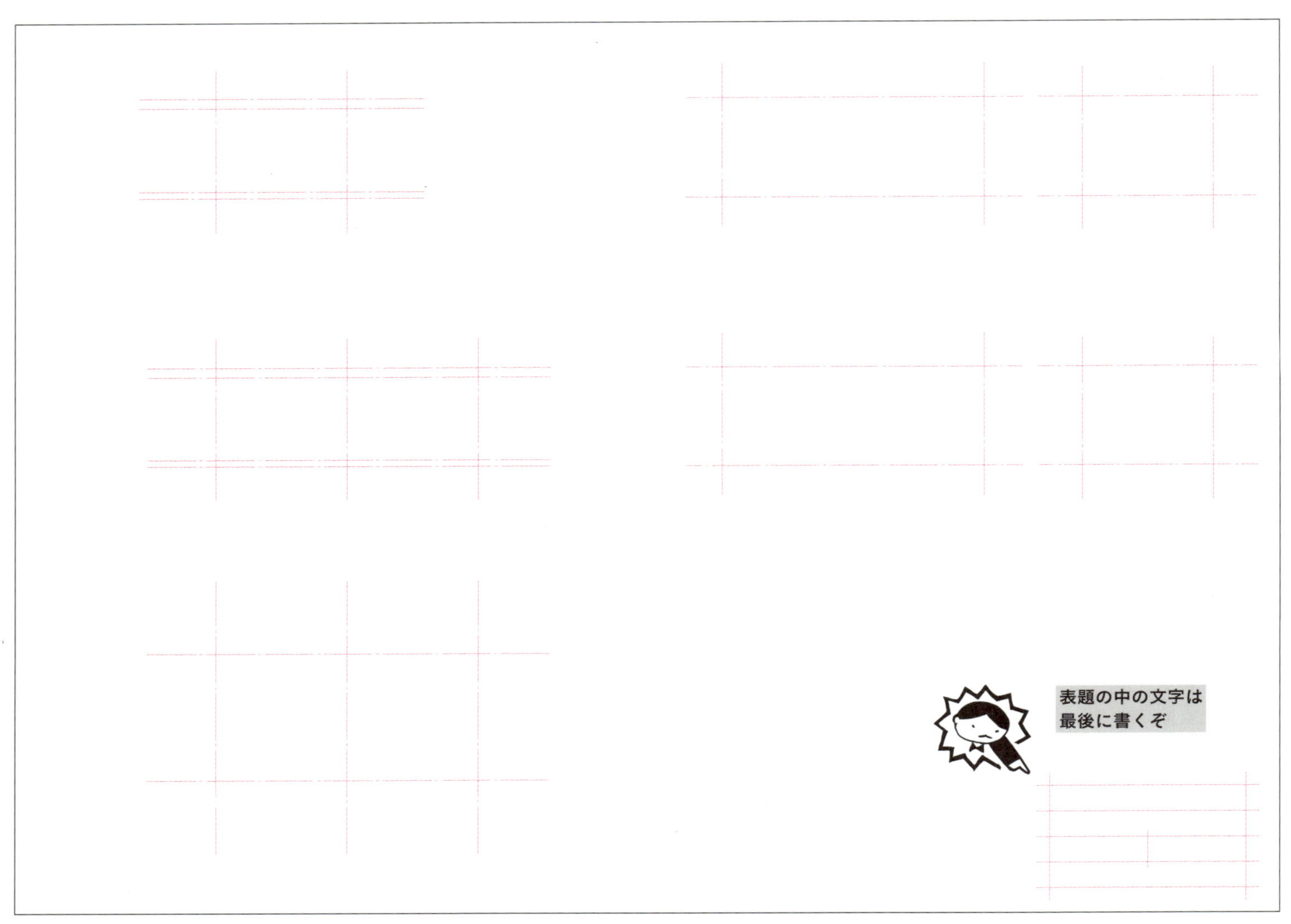

◉実際に描いてみよう

①中心線などの記入
1）表題欄を記入する〈実線細線〉
2）壁や柱の基準となる中心線①ー⑤を記入する〈実線細線〉

▷平行定規には、1点をプロットすれば（点を打つ）、直線が1本引けるという利点があります
▷寸法はしっかりと間違いなく手本の図面を写し取ってください
▷しかし、寸法だけに気をとらわれず、図面全体の配置（レイアウト）のことも考えながら描いてください

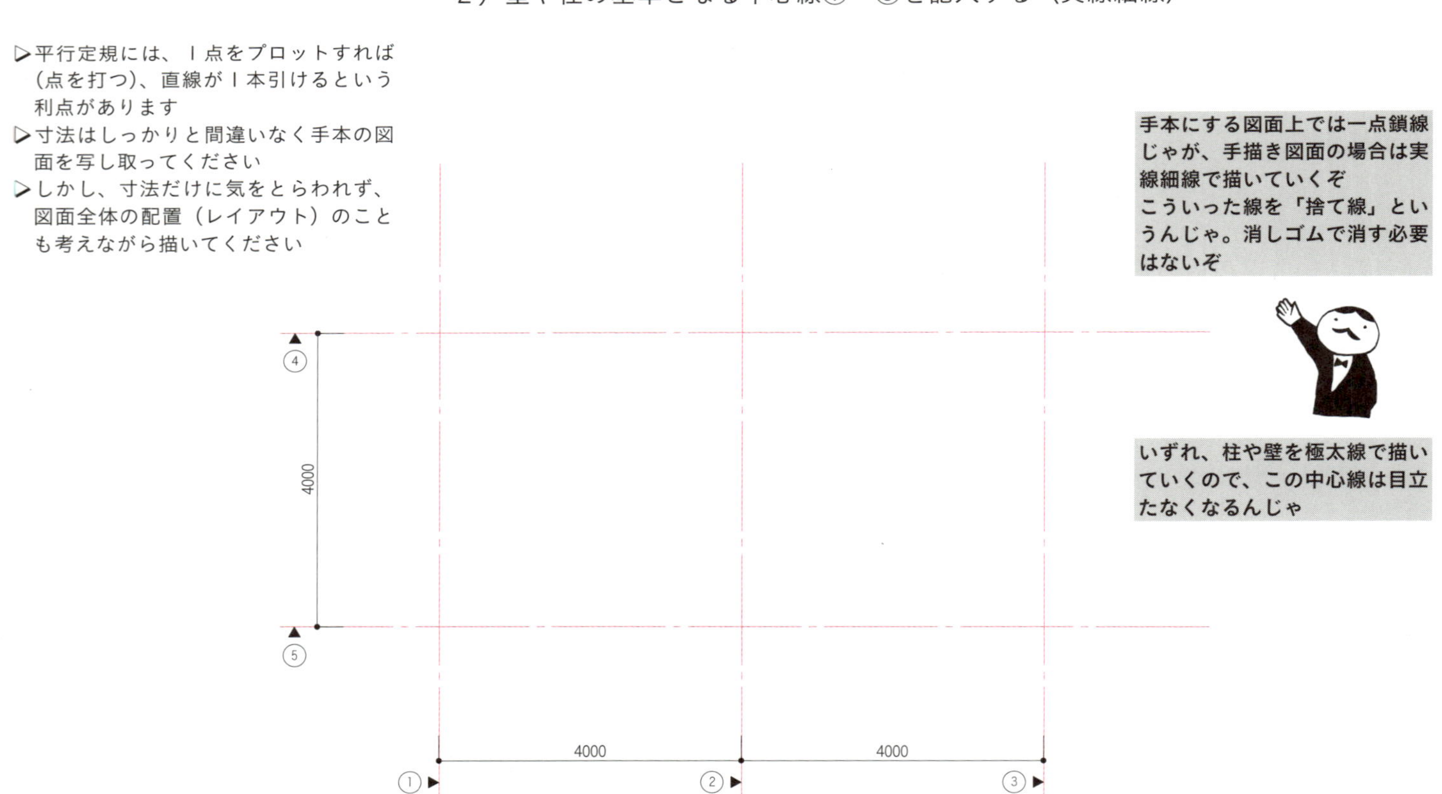

②壁・柱の下書き
1）柱の厚みを下書きする〈実線細線〉
2）壁の厚みを下書きする〈実線細線〉

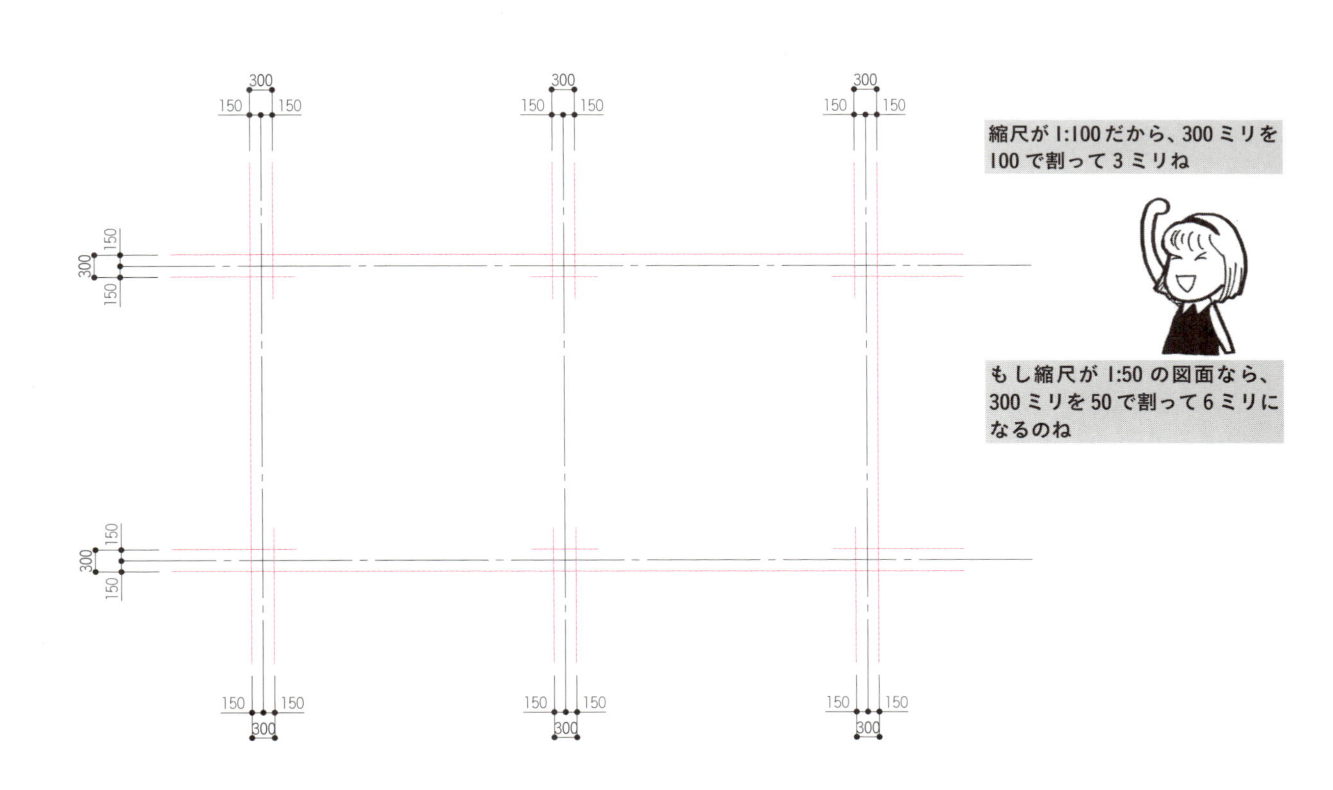

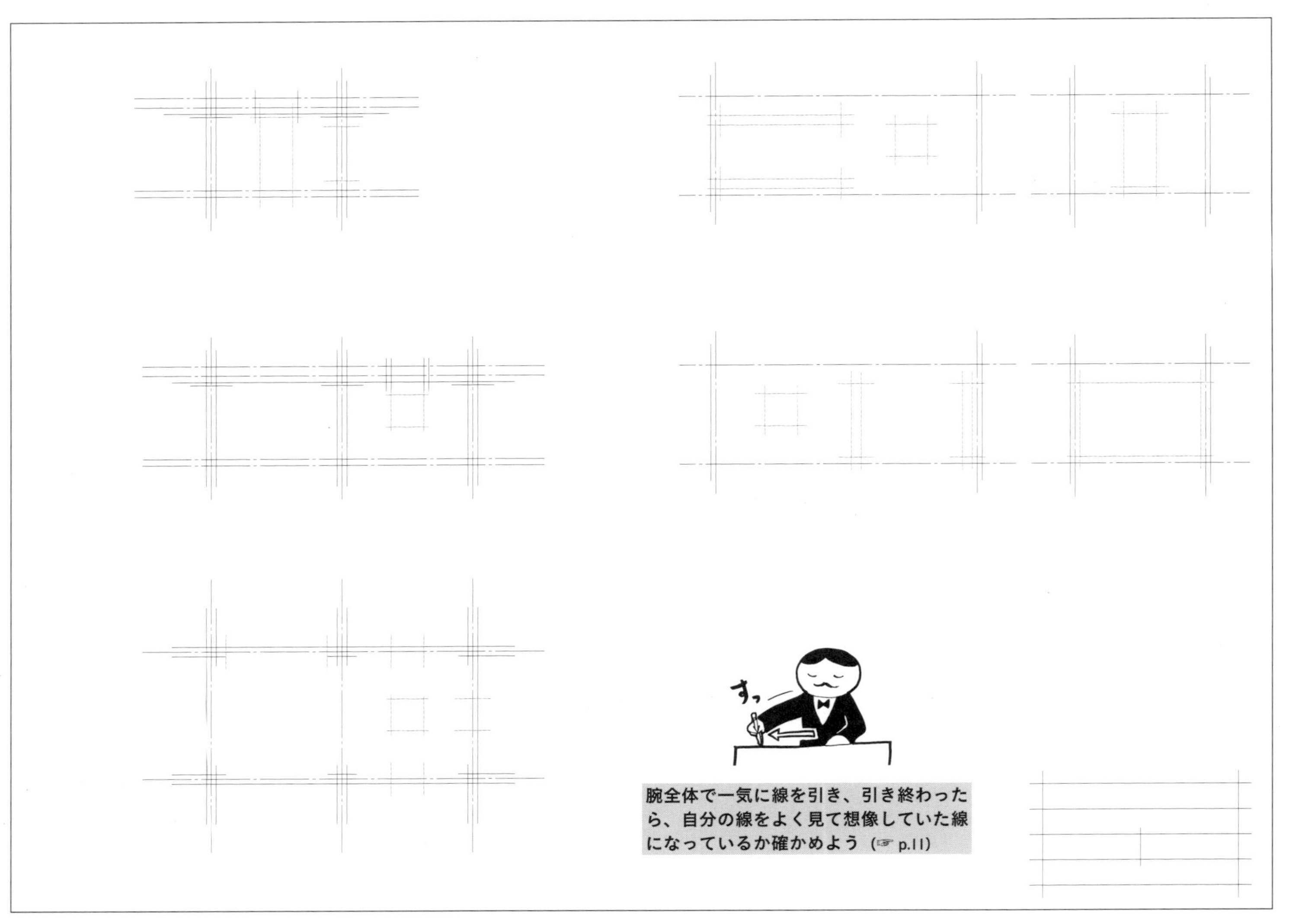

③開口部の下書き
平面図：壁に開口部の幅を下書きする〈実線細線〉
断面図・立面図：開口部の幅と高さを下書きする〈実線細線〉

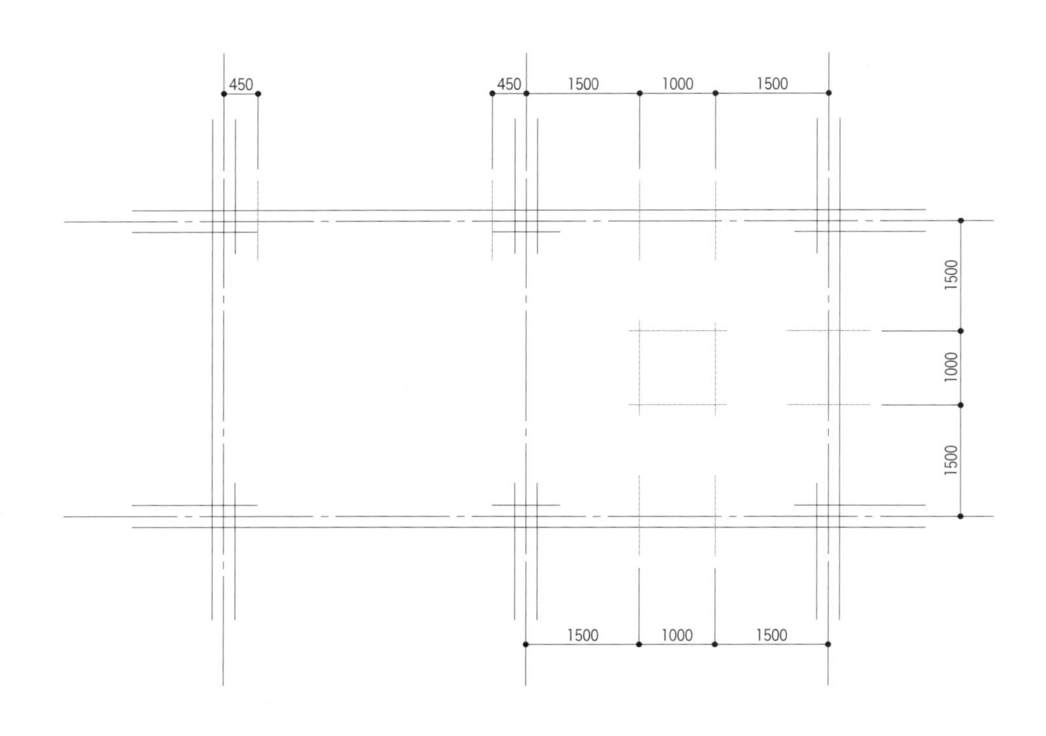

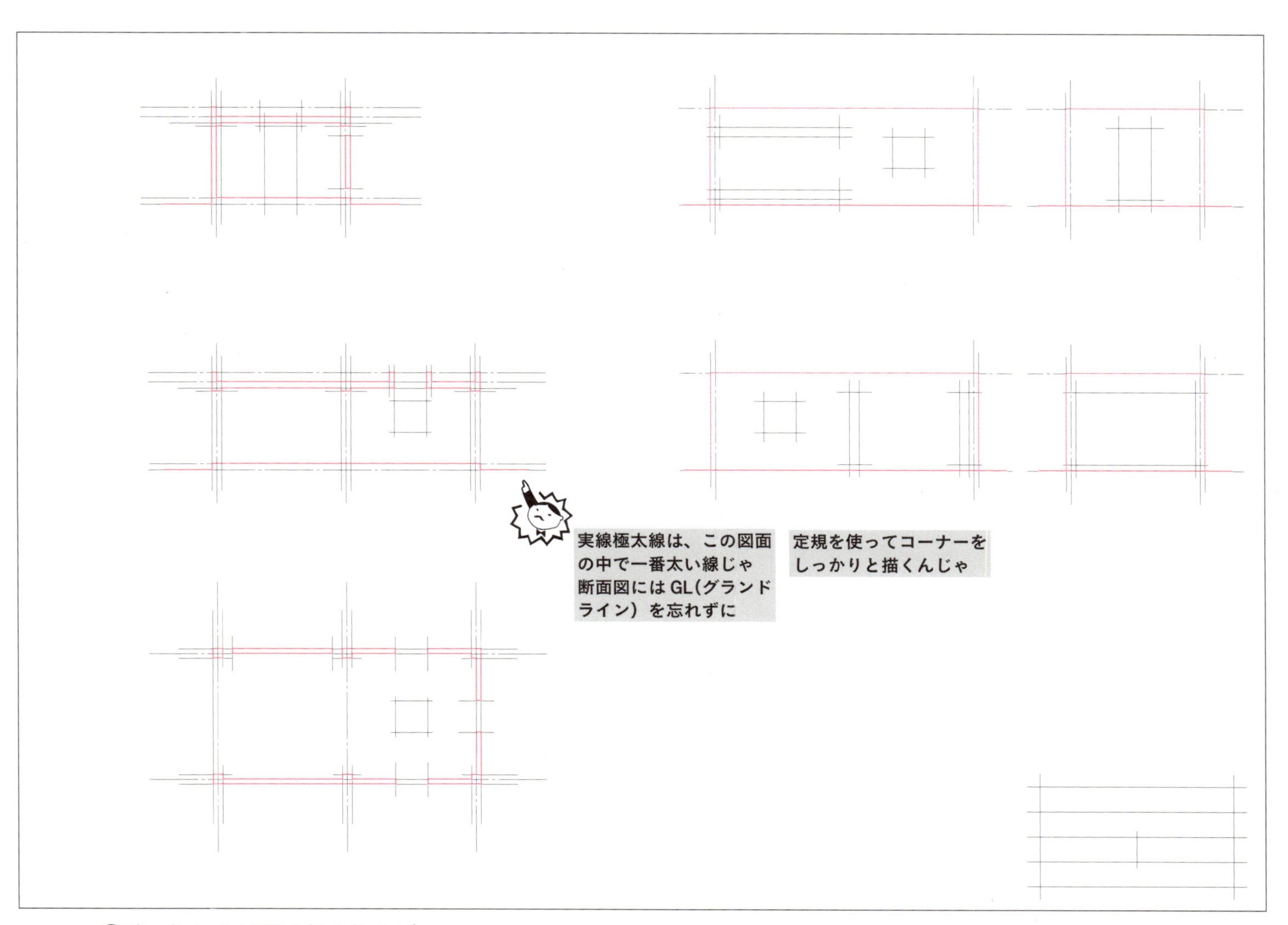

④壁・柱および開口部の仕上げ
平面図・断面図・立面図：柱、壁、GL を仕上げる〈実線極太線〉
立面図：外形線を仕上げる〈実線太線〉

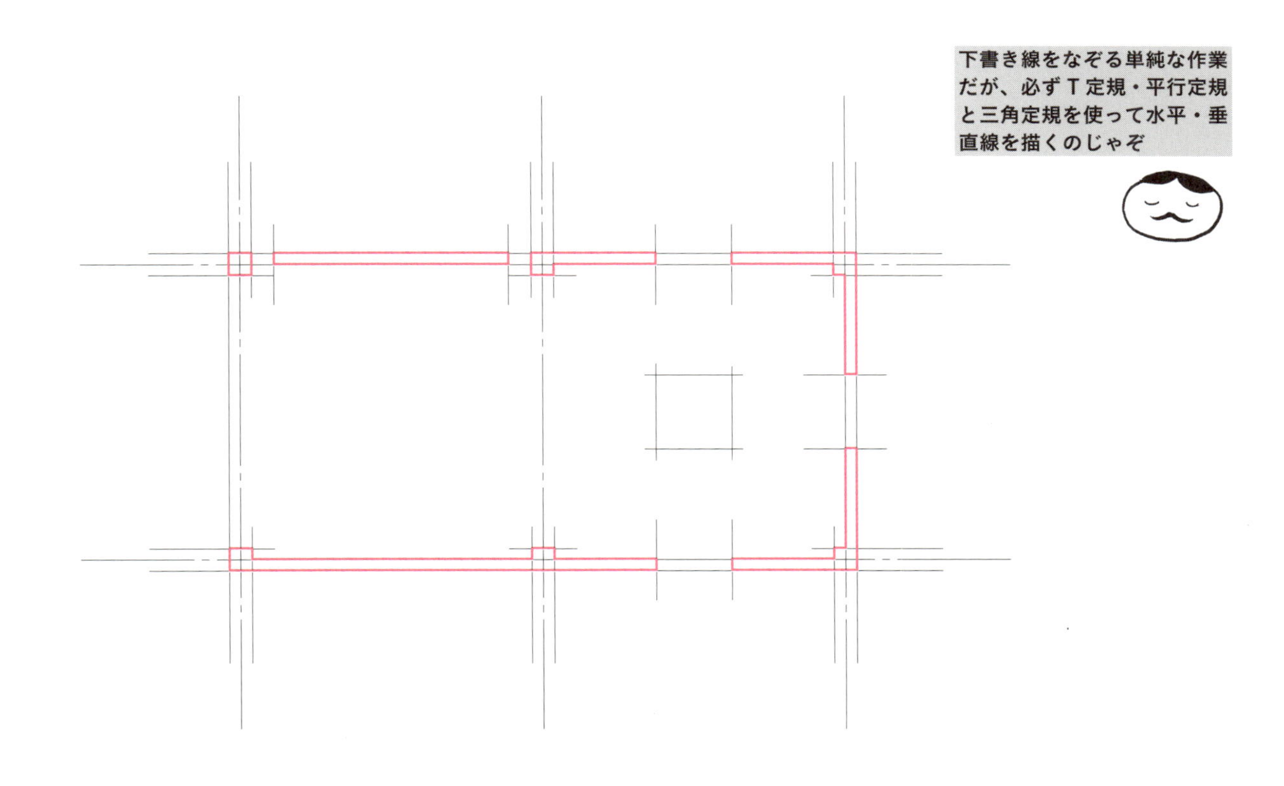

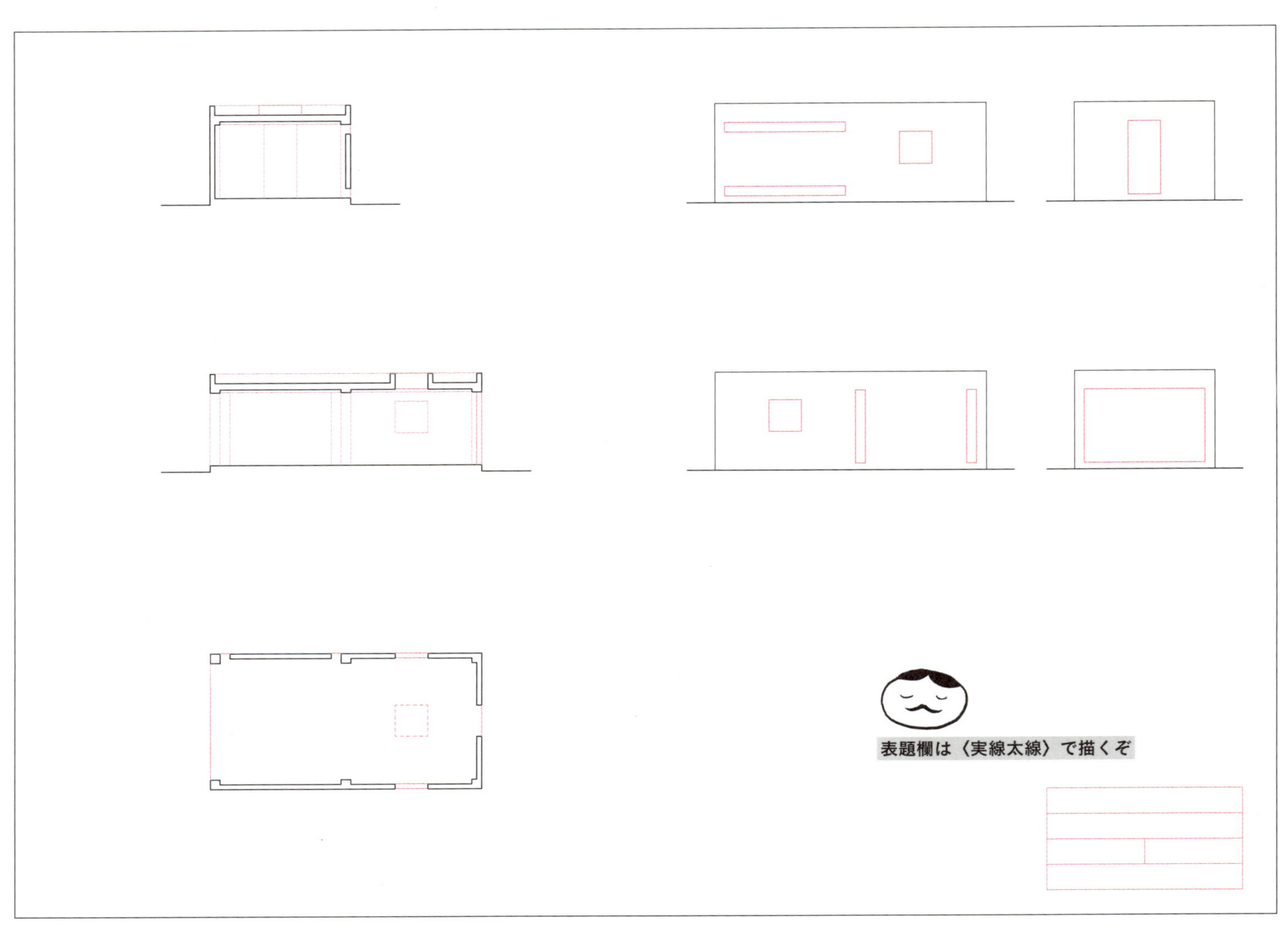

⑤開口部、見えがかり線の記入
平面図・断面図・立面図：開口部を仕上げる〈実線太線〉
断面図：見えがかりの線を記入する〈実線細線〉

平面図や断面図には図面の縮尺と構造材料によって構造材料表示記号が現れてくるんじゃ。今回は、S＝1：100の図面なので記入せんぞ（☞ p.13）

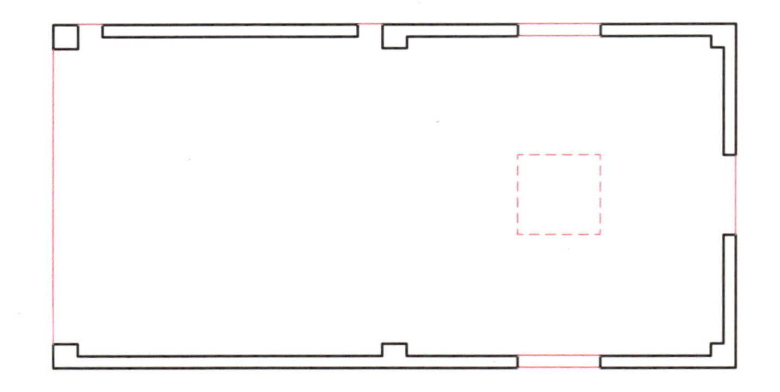

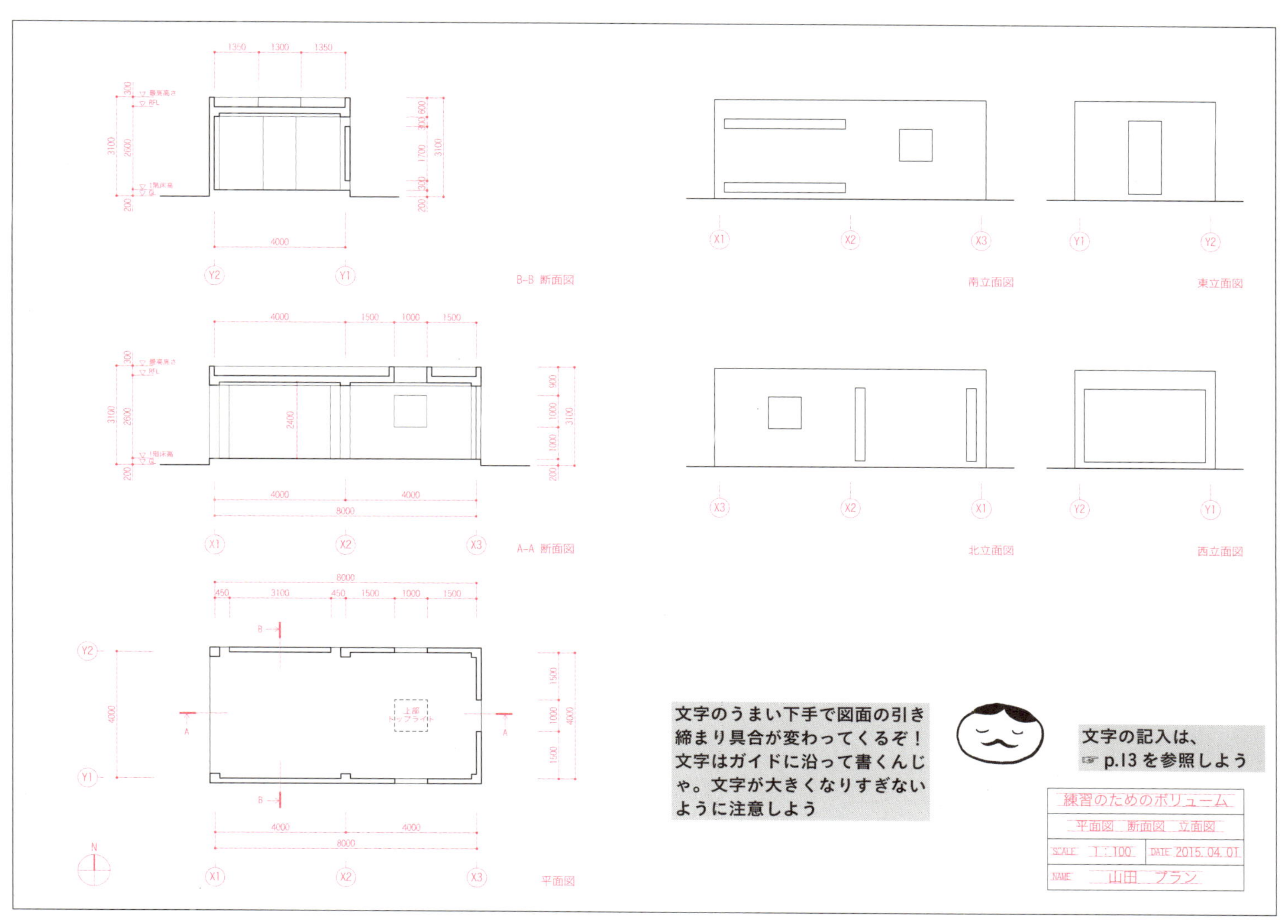

⑥方位、寸法、室名、表題欄の文字などを記入〈実線細線〉

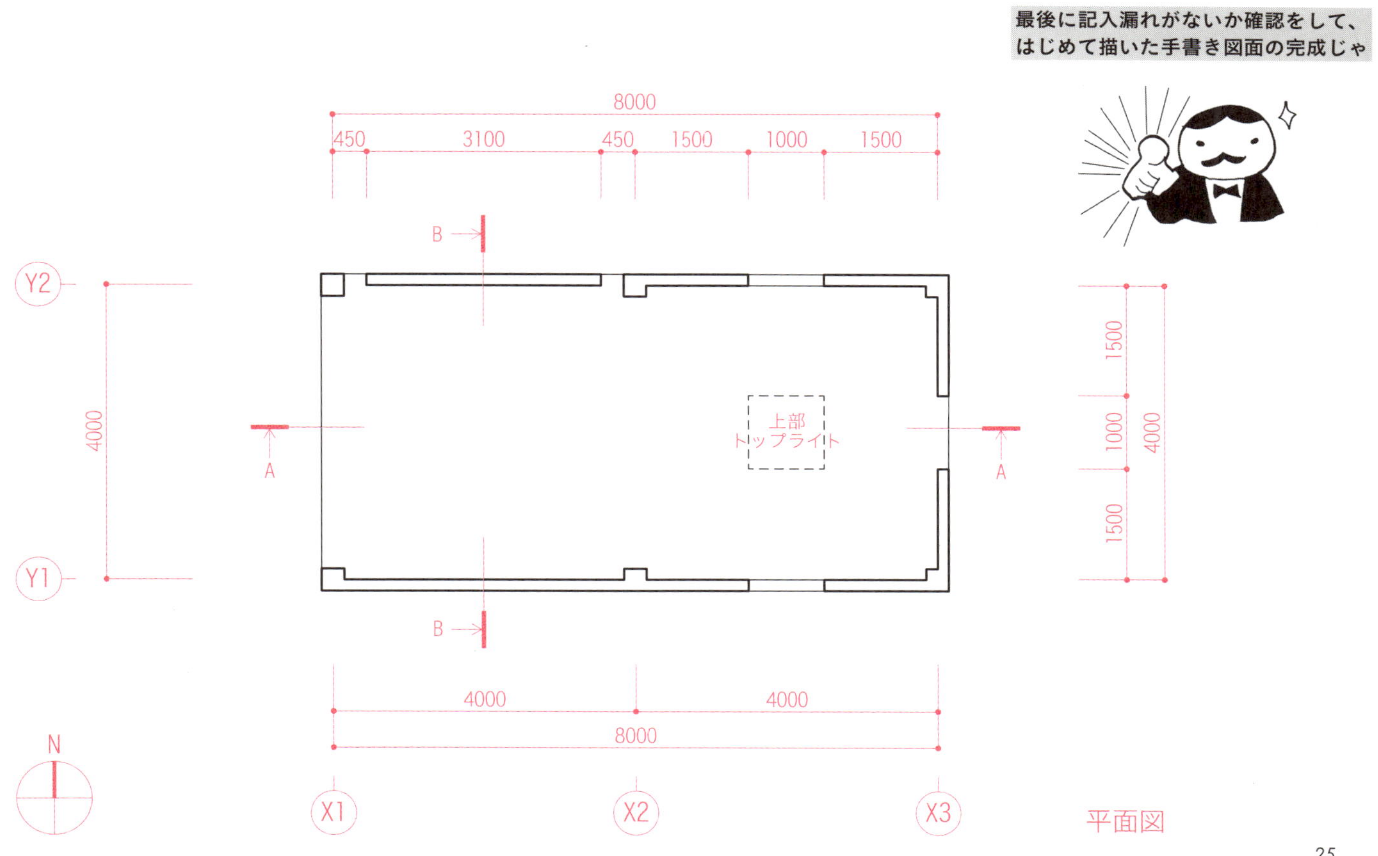

◉図面記号・表記の例

■表示記号（S=1:100）

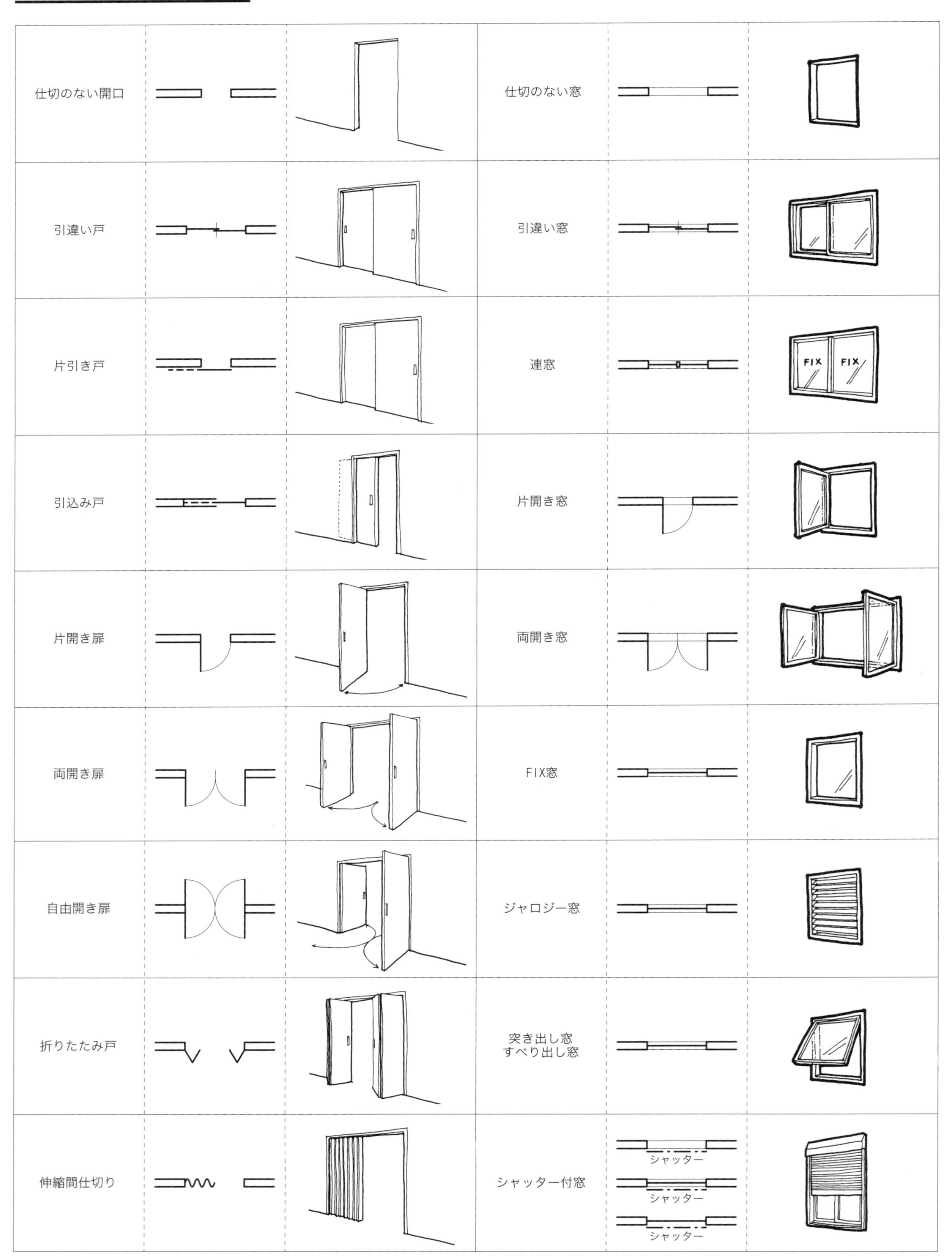

■家具（S=1:100）

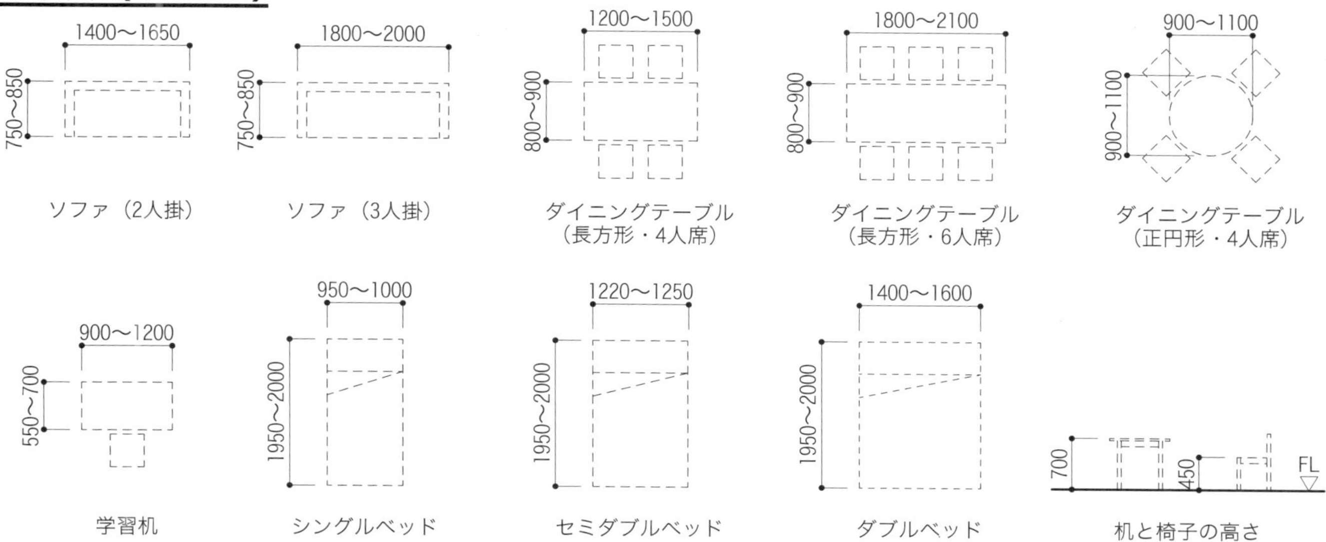

■便器・浴室・洗面台・システムキッチン（S=1:100）

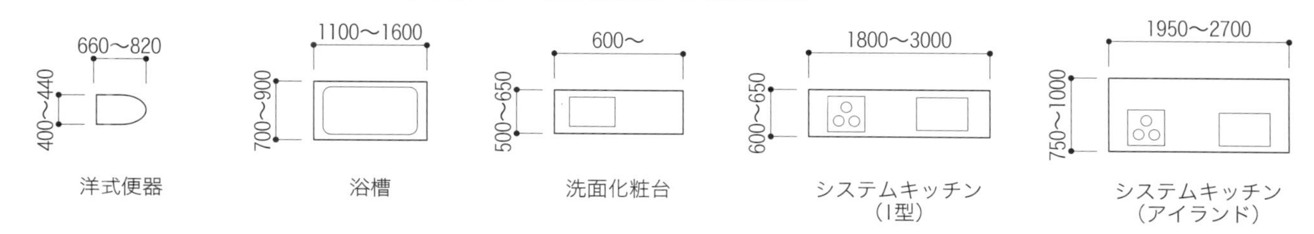

■屈折階段（S=1:100）

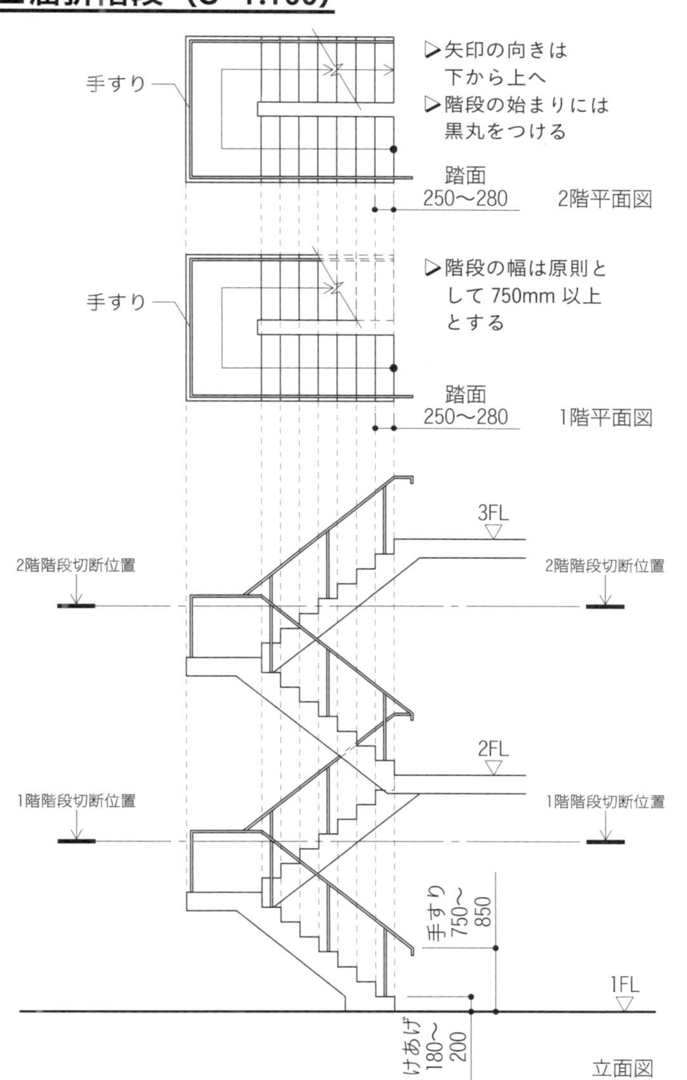

■らせん階段（S=1:50）

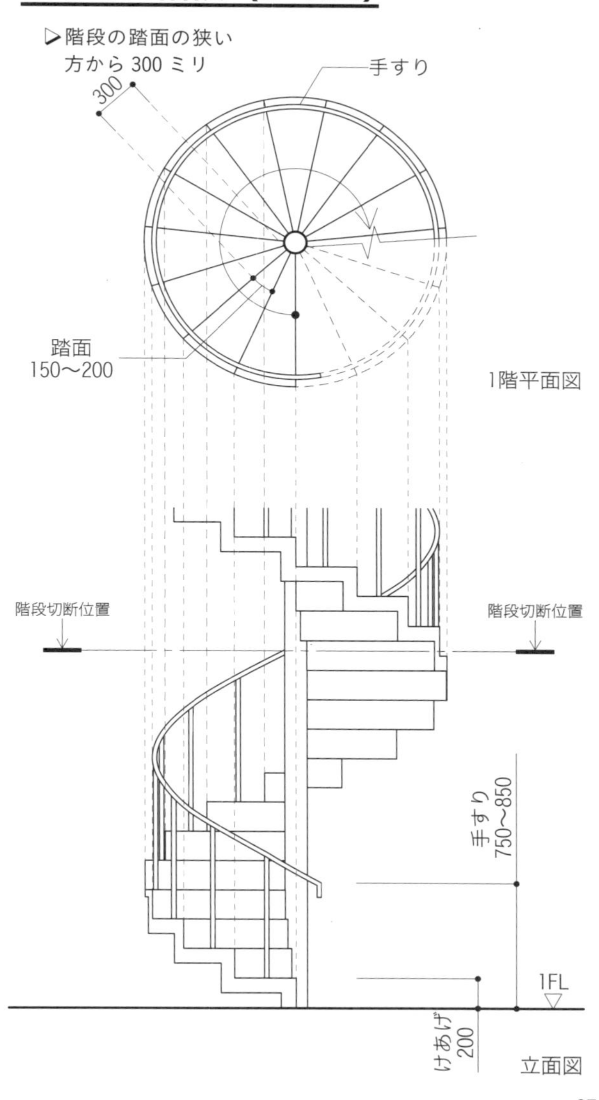

■乗用車の寸法（S=1:100）

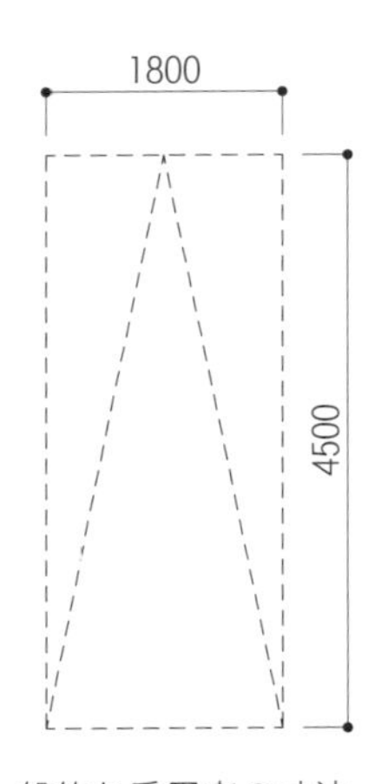

一般的な乗用車の寸法

乗用車の寸法例

ワゴン車：4800×1800
小型車　：3900×1700
軽自動車：3400×1500

■駐車場（直角駐車）の寸法（S=1:100）

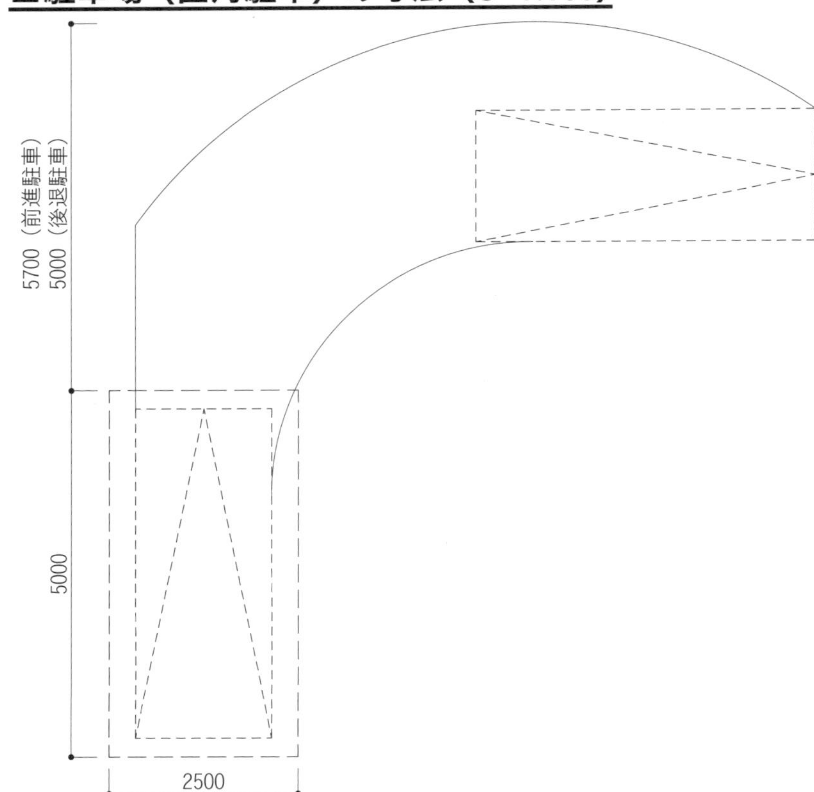

■駐車場（一般・車椅子利用者用）（S=1:100）

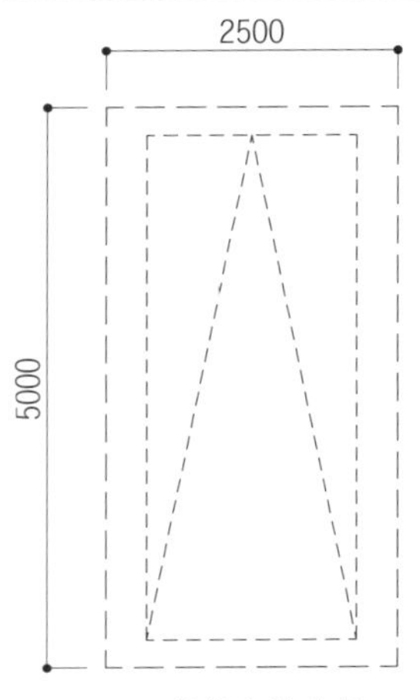

一般的な駐車場

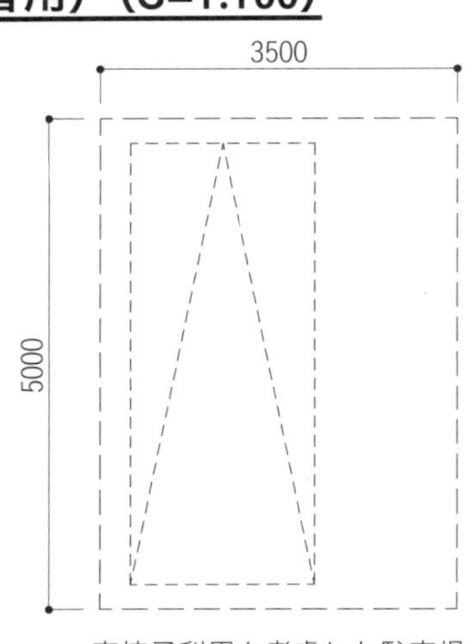

車椅子利用を考慮した駐車場

■自転車の寸法（S=1:100）

■自転車の駐輪場（４台駐車）（S=1:100）

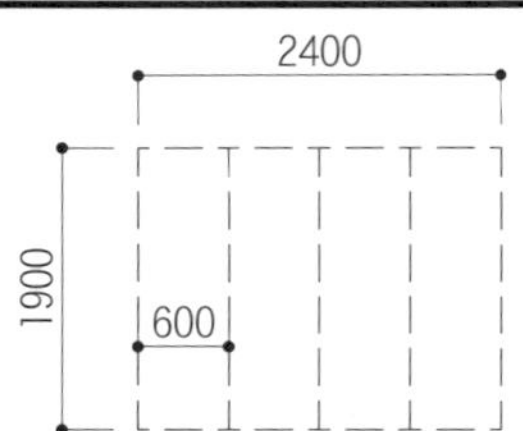

■オートバイの寸法（S=1:100）

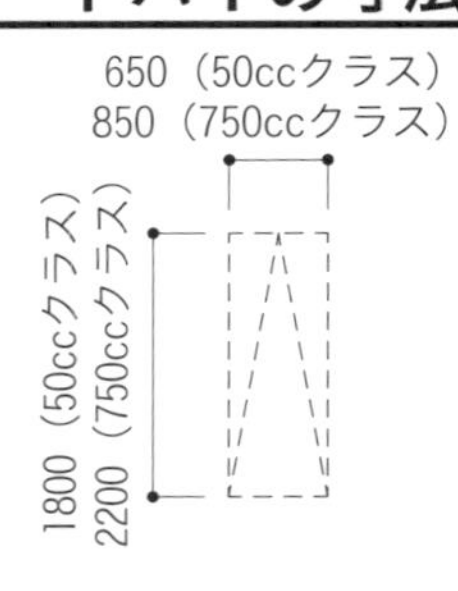

■オートバイの駐輪場（４台駐車）（S=1:100）

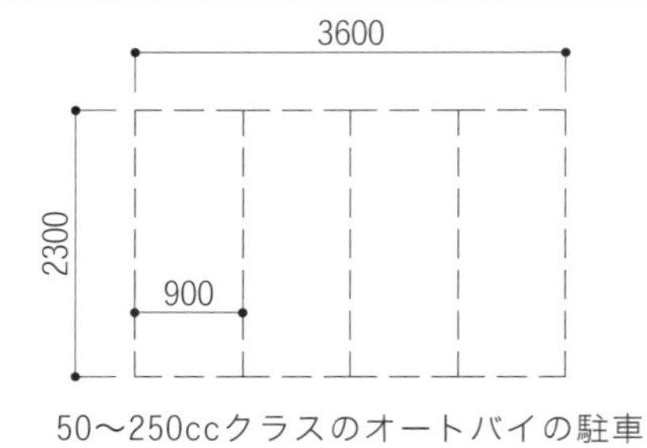

50〜250ccクラスのオートバイの駐車

■斜路（車）

斜路の勾配（本勾配）：17%（1/6）以下（駐車場法施行令第8条3号ハ）
一般的には本勾配の1/2の勾配で長さ4メートル程度の緩和勾配を設ける。（車種により必要な勾配や長さは異なる。）

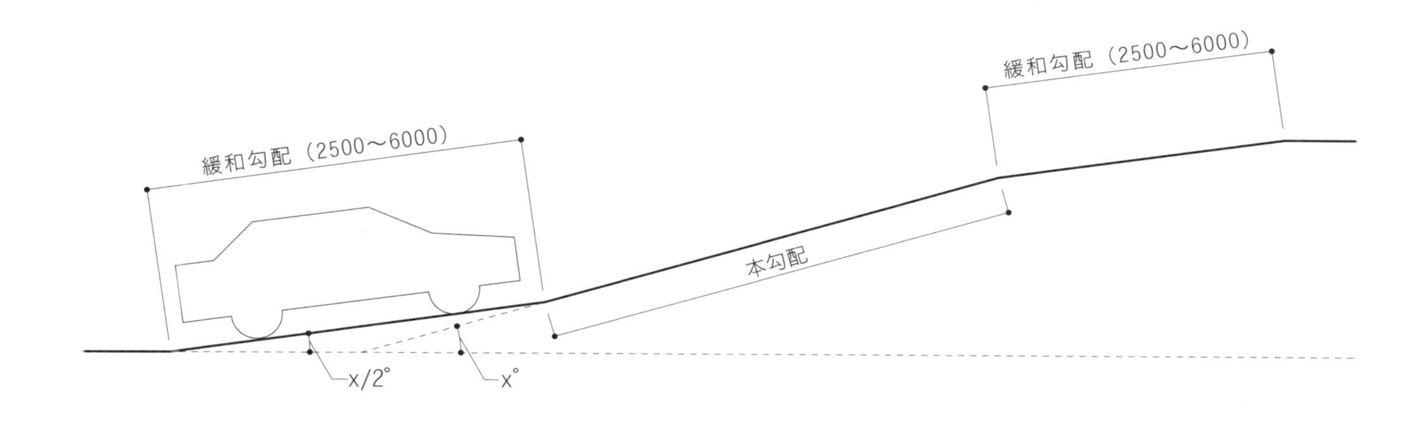

■斜路（人）

階段に代わる斜路の勾配：1/8以下（建築基準法施行令26条）
車椅子利用を考慮した斜路の勾配：屋内の場合は1/12以下、屋外の場合は1/15以下（バリアフリー新法）

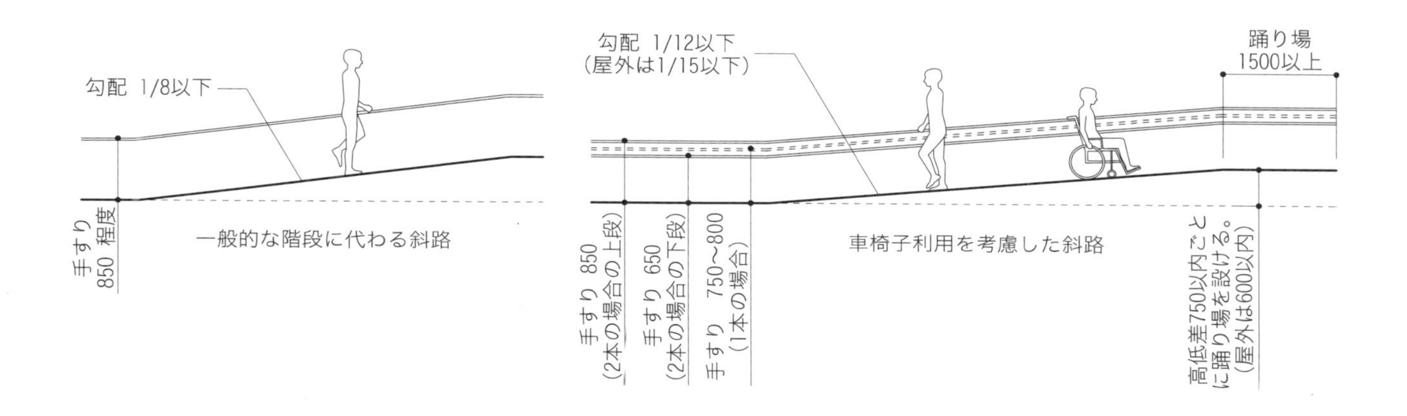

■植栽表現の例

◉アクソメ図・アイソメ図・透視図

■アクソノメトリック図

〈平面斜投影図法〉

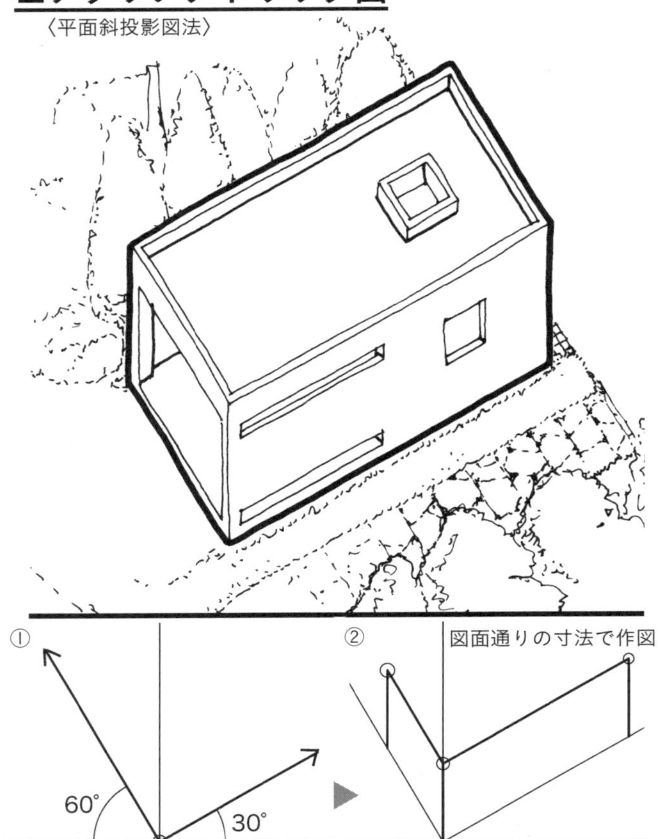

① ②　図面通りの寸法で作図

60°　30°

①水平線、垂直線を引き、垂直線の片側に 60 度、反対側に 30 度の線を引く
②図面通りの寸法で、奥行きと高さをたどり、作図する

■アイソメトリック図

〈等角投影図法〉

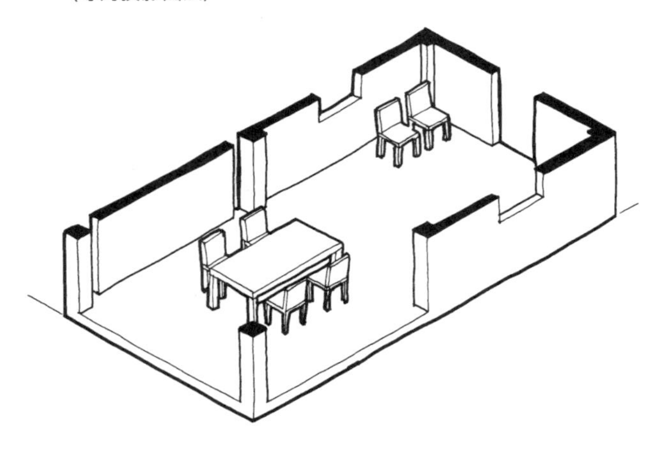

▷アクソノメトリック、アイソメトリックとは、図面通りの寸法を用いて、立体的な図を描ける図法
▷アクソノメトリック図は、主に外観図に、アイソメトリック図は、外観、内観ともに、幅広く応用できる

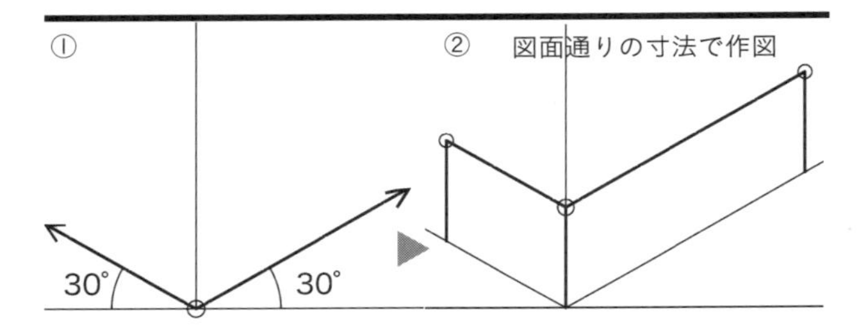

①水平線、垂直線を引き、その交点から左右それぞれ 30 度の線を引く
②図面通りの寸法で、奥行きと高さをたどり、作図する

■ 1 点透視図

▷水平線上に消失点（V）が 1 つの透視図
▷インテリアの描写等に適している

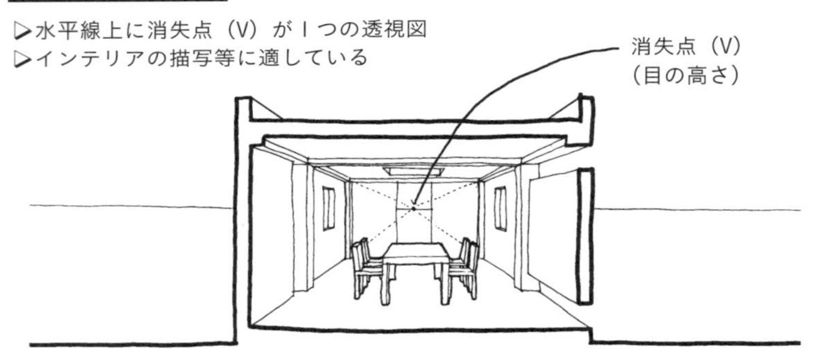

■ 2 点透視図

▷水平線上に消失点（V）が 2 つの透視図
▷内観、外観の描写ともに広く応用できる

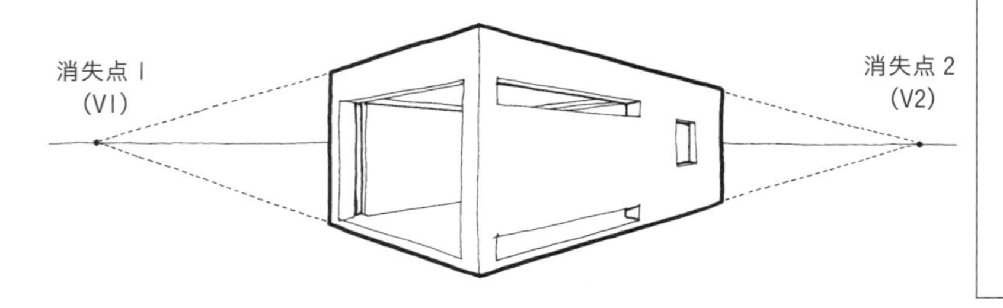

■奥行き方向の面を分割する方法

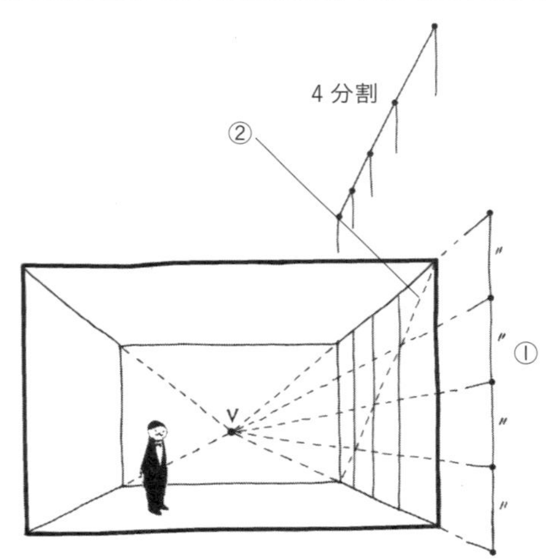

①まずは、適宜分割したい割合で分割（図は 4 等分の場合）
②次に、対角線を引き、分割した線との交点が奥行き方向の分割位置となる

▷この手法は、壁や天井面の分割にも応用できる

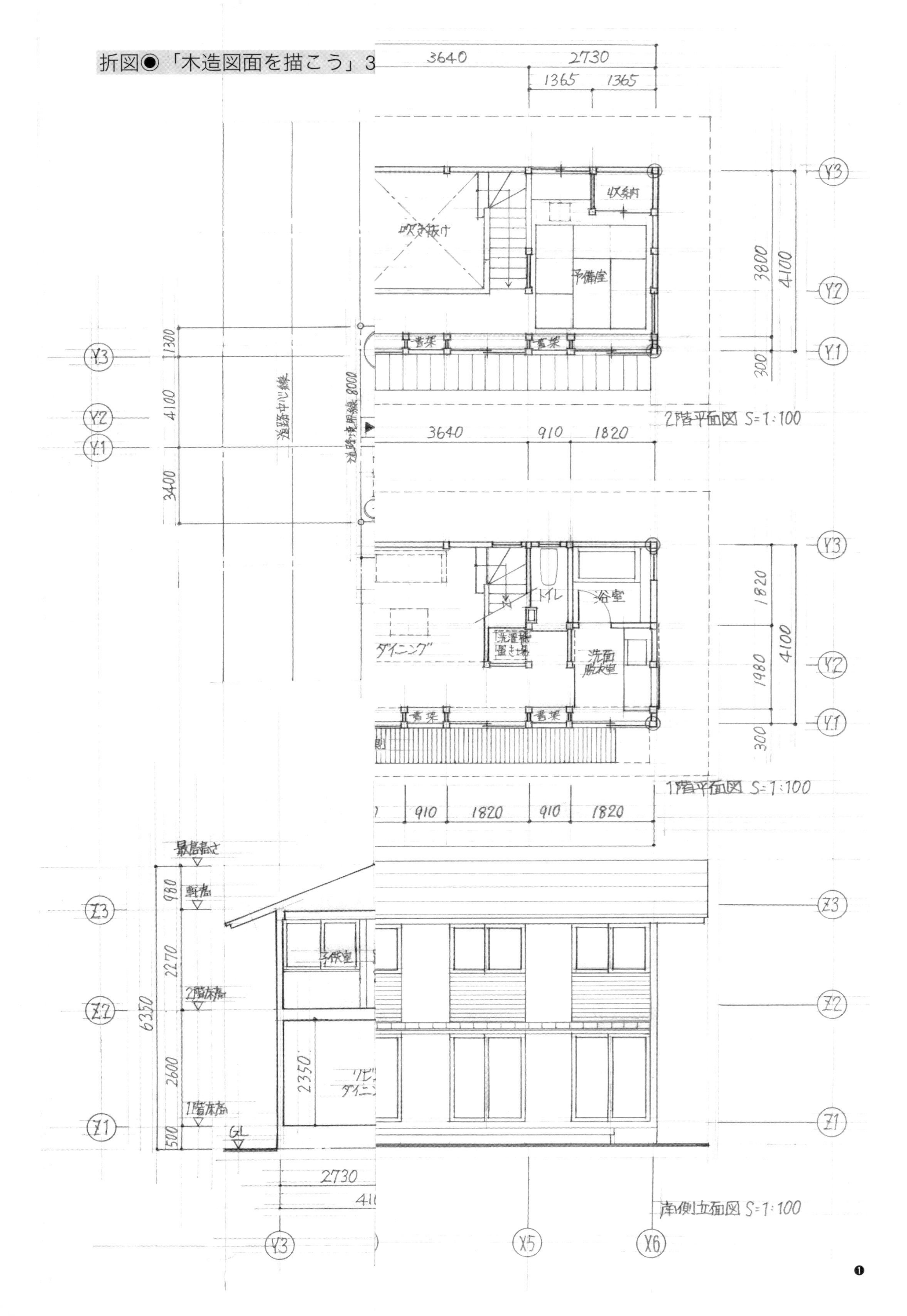
3640
2730
1365
1365
収納
吹き抜け
予備室
書架
書架
3800
4100
300
2階平面図 S=1:100
1300
4100
3400
道路中心線
道路境界線 8000
3640
910
1820
トイレ
浴室
洗濯機置き場
ダイニング
洗面脱衣室
書架
書架
1820
1980
4100
300
1階平面図 S=1:100
910
1820
910
1820
最高高さ
軒高
980
2270
2階床高
6350
2600
1階床高
500
GL
子供室
2350
2730
南側立面図 S=1:100

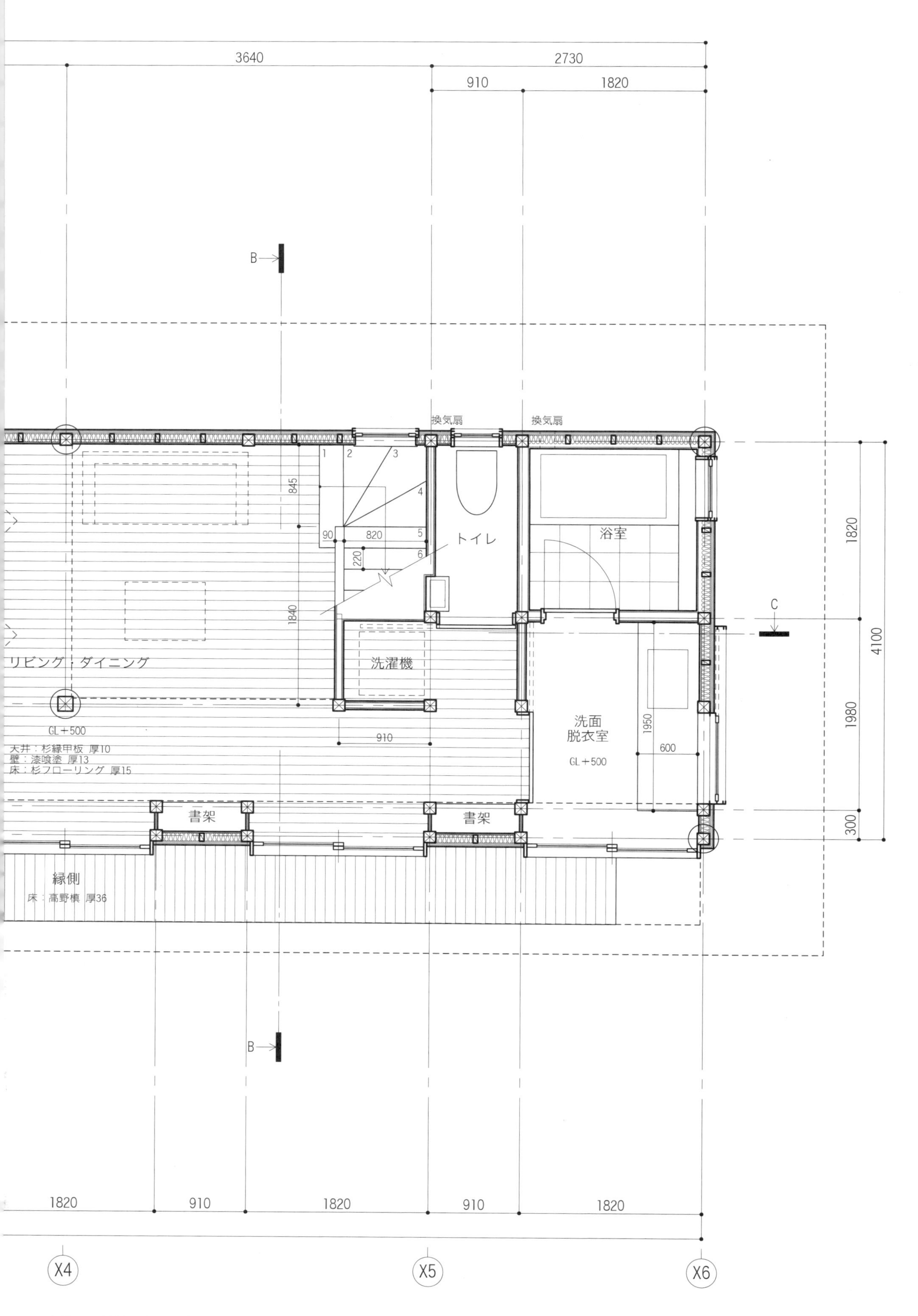

このように、縮尺によっても
図面表現は異なるのじゃ。

1階平面詳細図　S=1:50

木造図面を描こう 3

２階建ての木造住宅を題材に、配置図・平面図・断面図・立面図・矩計図の描き方を、基準線の下描きから仕上げまで、チュートリアル形式で解説しています。レイアウトを意識して描くことが重要です（☞ p.56 のコラムも先に読んで理解しておきましょう）。いきなりすべてをやろうとは思わず、１つずつトライしましょう。

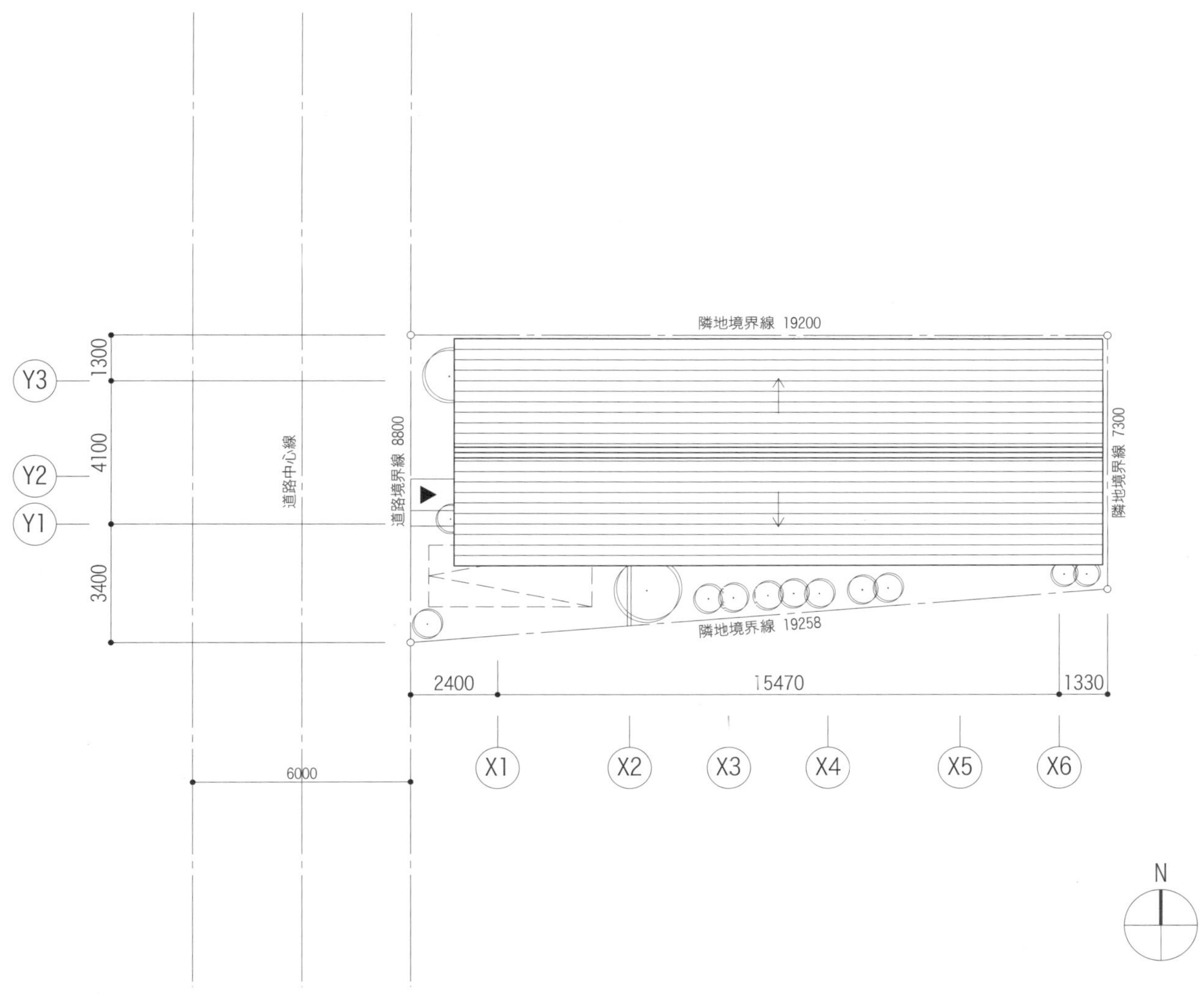

配置図　S=1:200

タイトル：「編集者の家」

▷出版社に勤務する編集者とその家族（夫婦＋子供２人）のために設計した木造２階建の住宅です。南北に狭く東西に長い、南垂れの緩やかな傾斜地に位置する敷地です。プランは敷地形状にあわせた細長い長方形として、北側は住宅が建て詰まっているため開口部を控えめとし、その分眺望と日当たりの良い南側に大きく開いた構成としました。大量の書籍を収納するために、南側の壁面全体を構造体の柱を利用した大きな造作書架として、その合間に幅 1820 ミリの開口部を規則的に配置することで、奥行きの長さを活かしたリズム感のある空間としています。吹き抜けを介してリビング・ダイニングとつながる子供室は、始めは一室として、その後、子供の成長にあわせて間仕切りを設けるという計画です。

■配置図の描き方

1）基準線の下書き

(1) 道路境界線①を引く。
(2) 道路境界線上のポイント②（2ヶ所）を描く。
(3) ページ下の「斜辺の長さから三角形の頂点を求める方法」を使用してポイント③を描き、隣地境界線④を引く。
(4) 同様にポイント⑤を描き、隣地境界線⑥を引く。
(5) 隣地境界線⑦を引く。
(6) 道路幅をとり、⑧を引く。
(7) 道路中心線を引く。
(8) 建築物の外壁芯を引く。
(9) 軒の出・ケラバの出を下書きする。

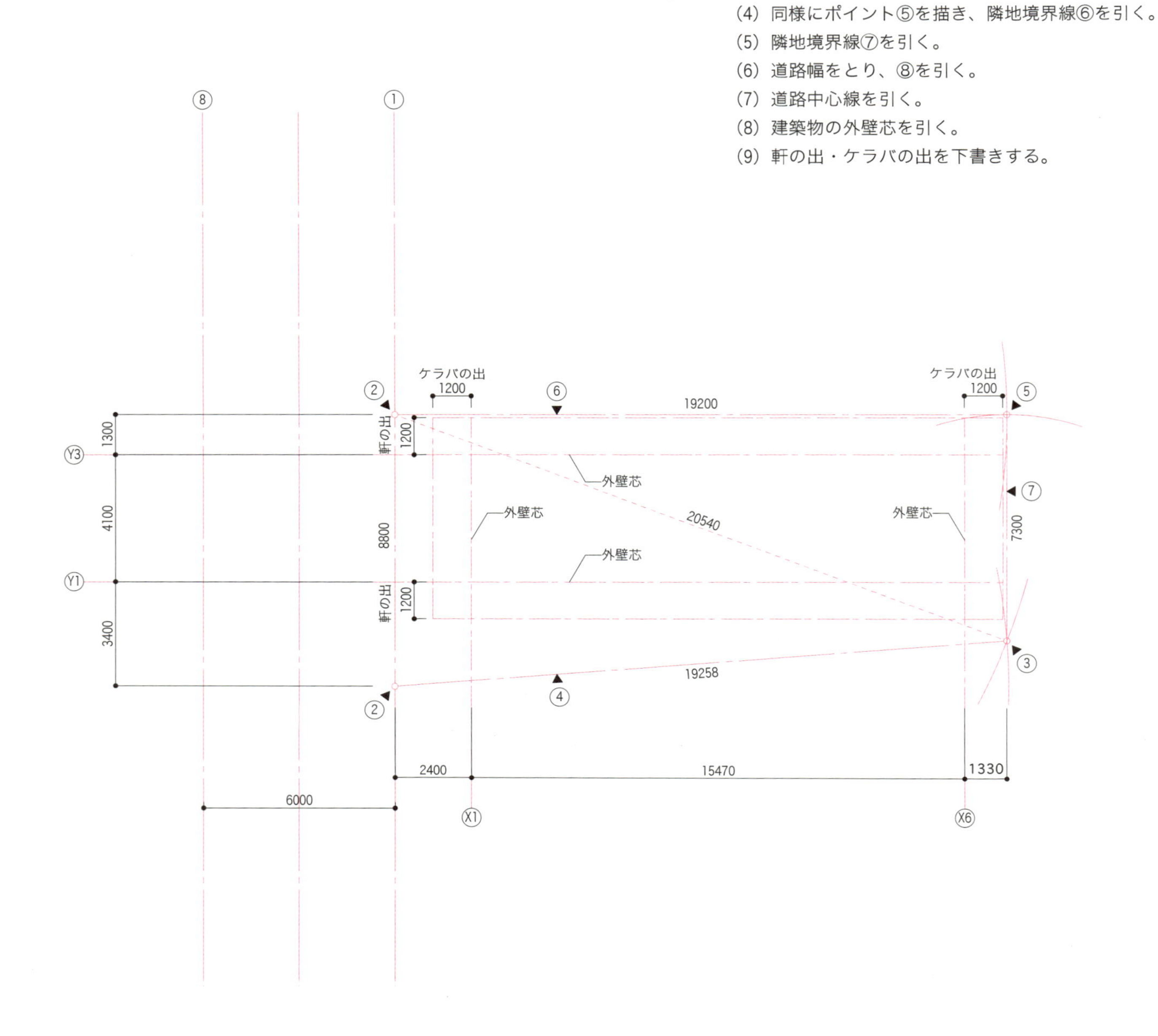

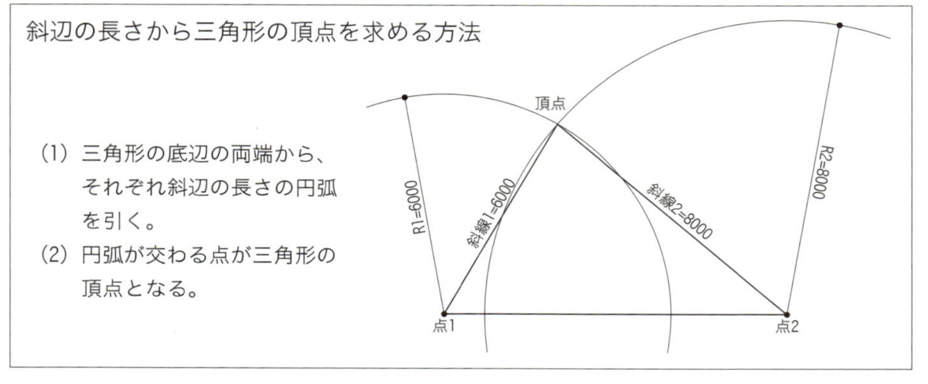

(1) 三角形の底辺の両端から、それぞれ斜辺の長さの円弧を引く。
(2) 円弧が交わる点が三角形の頂点となる。

2）建築物の仕上げ

（1）下書きした軒先まわりを仕上げる。
（2）屋根仕上げを記入する。

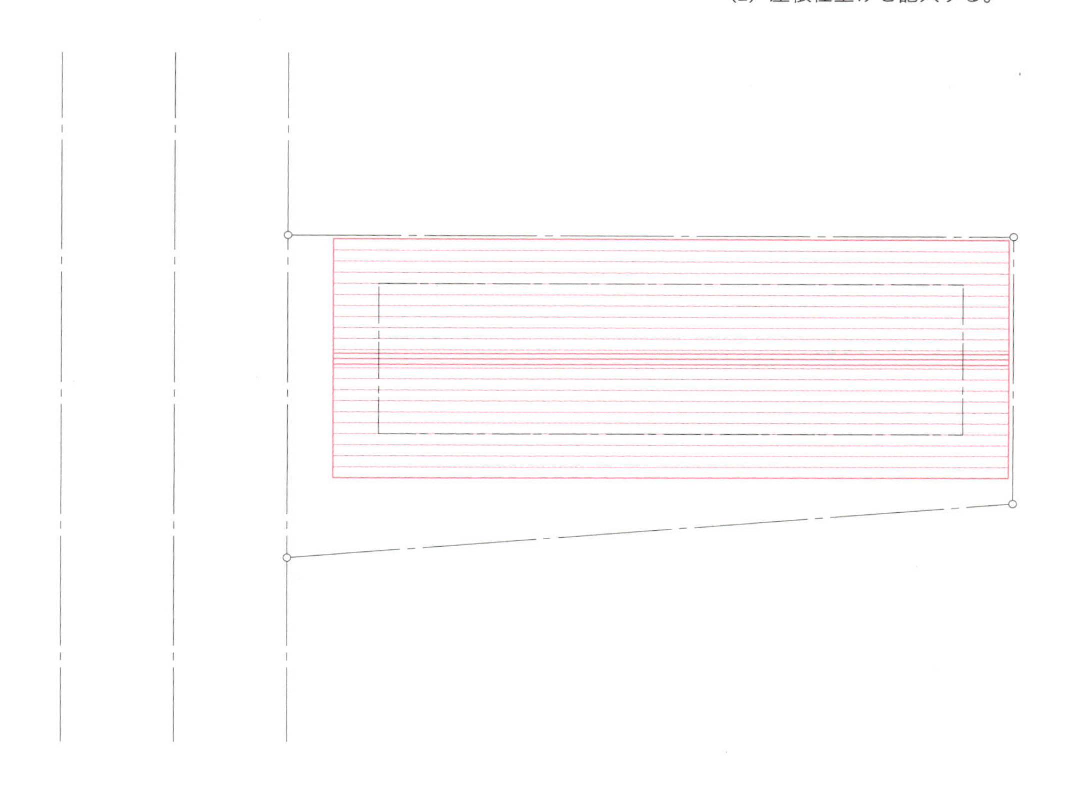

3）寸法・名称の記入

（1）各隣地境界線の名称や距離、その他各部の名称、屋根の傾斜方向を表す矢印、出入口の表示を記入する。
（2）寸法線を引き、寸法を記入する。
（3）敷地内にある植栽などを記入する。
（4）図面名・縮尺・方位を記入し、完成させる。

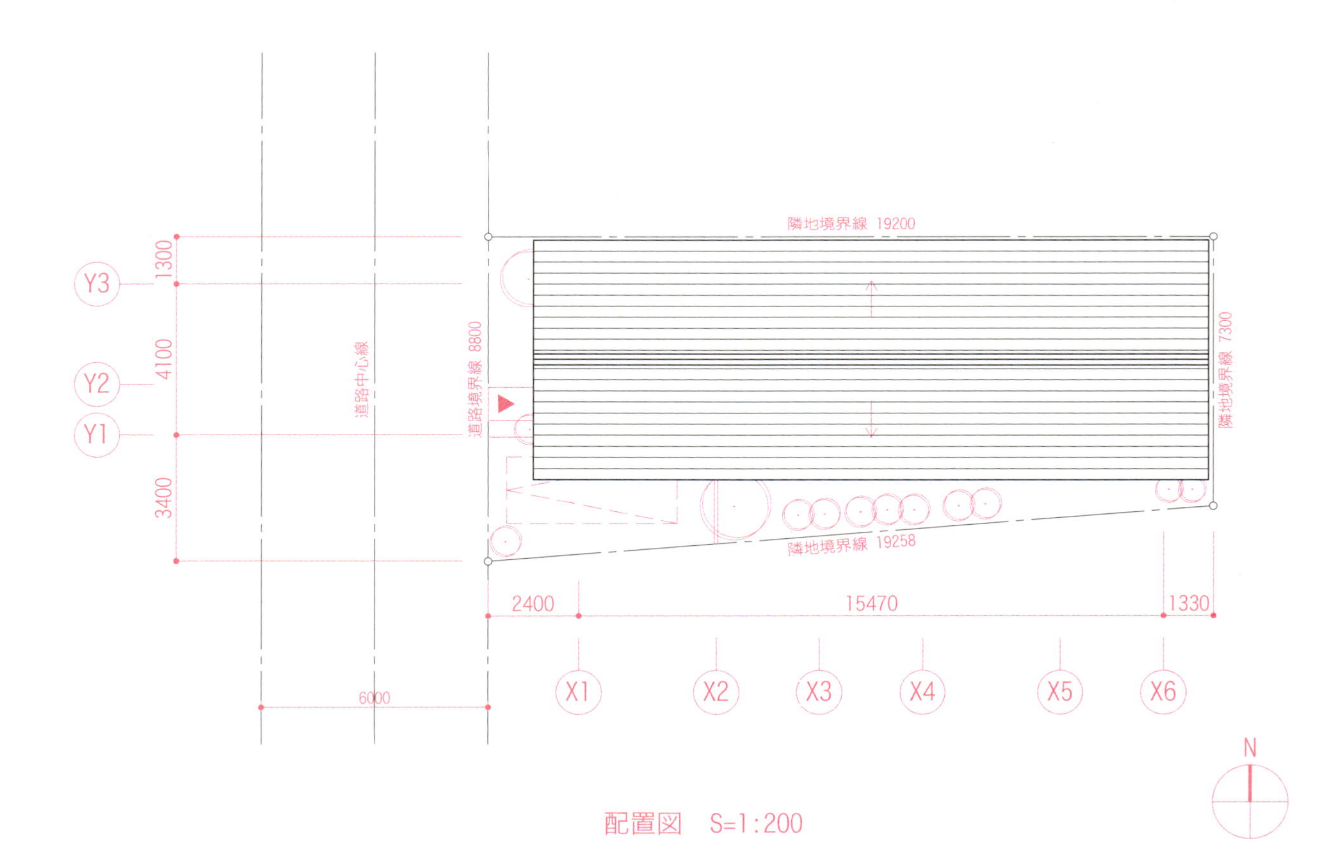

配置図　S=1:200

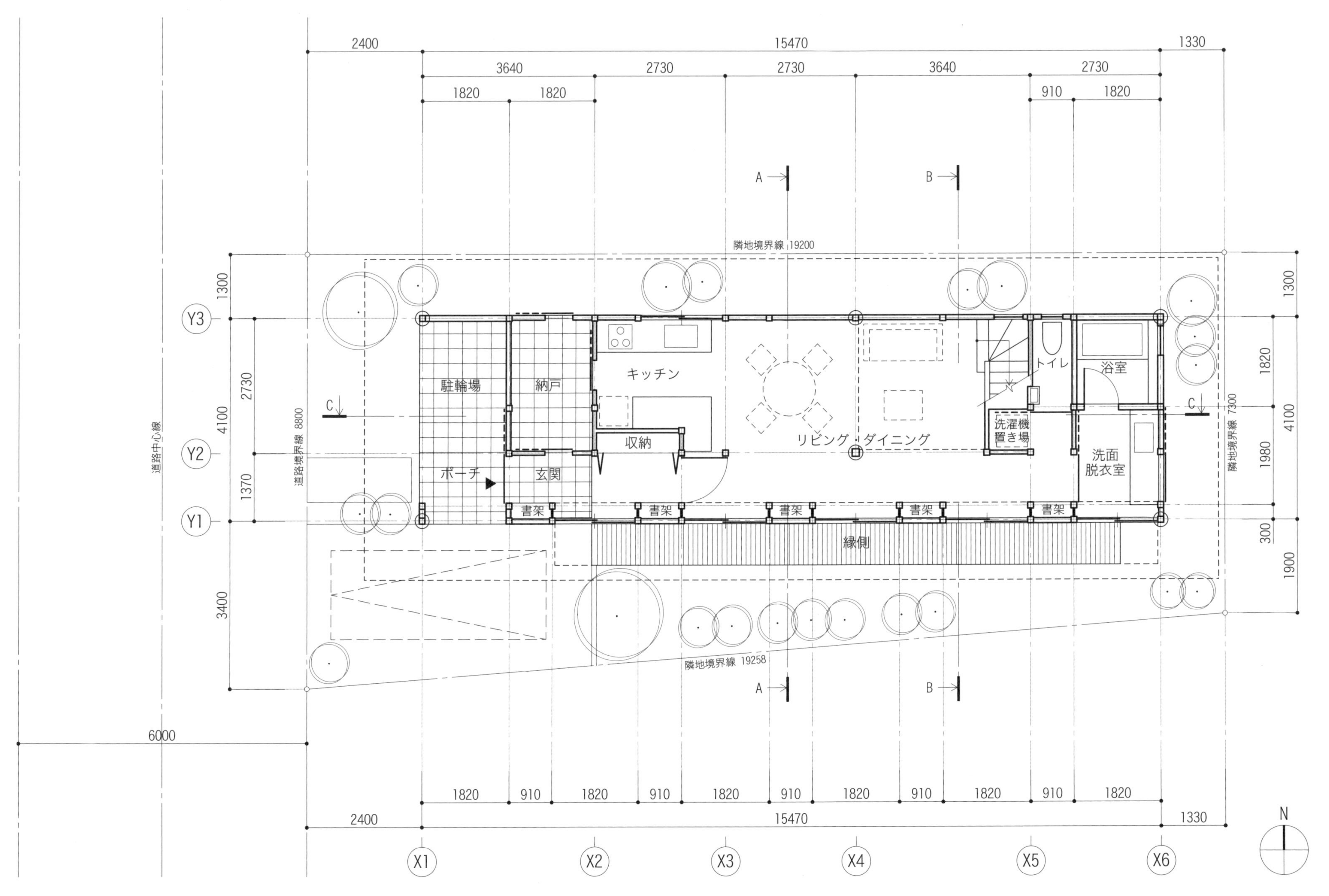
駐輪場
納戸
キッチン
収納
ポーチ
玄関
リビング・ダイニング
トイレ
浴室
洗濯機
置き場
洗面
脱衣室
書架
縁側
隣地境界線 19200
隣地境界線 19258
隣地境界線 7300
道路境界線 8800
道路中心線
X1
X2
X3
X4
X5
X6
Y1
Y2
Y3
N

1階平面図　S=1:100

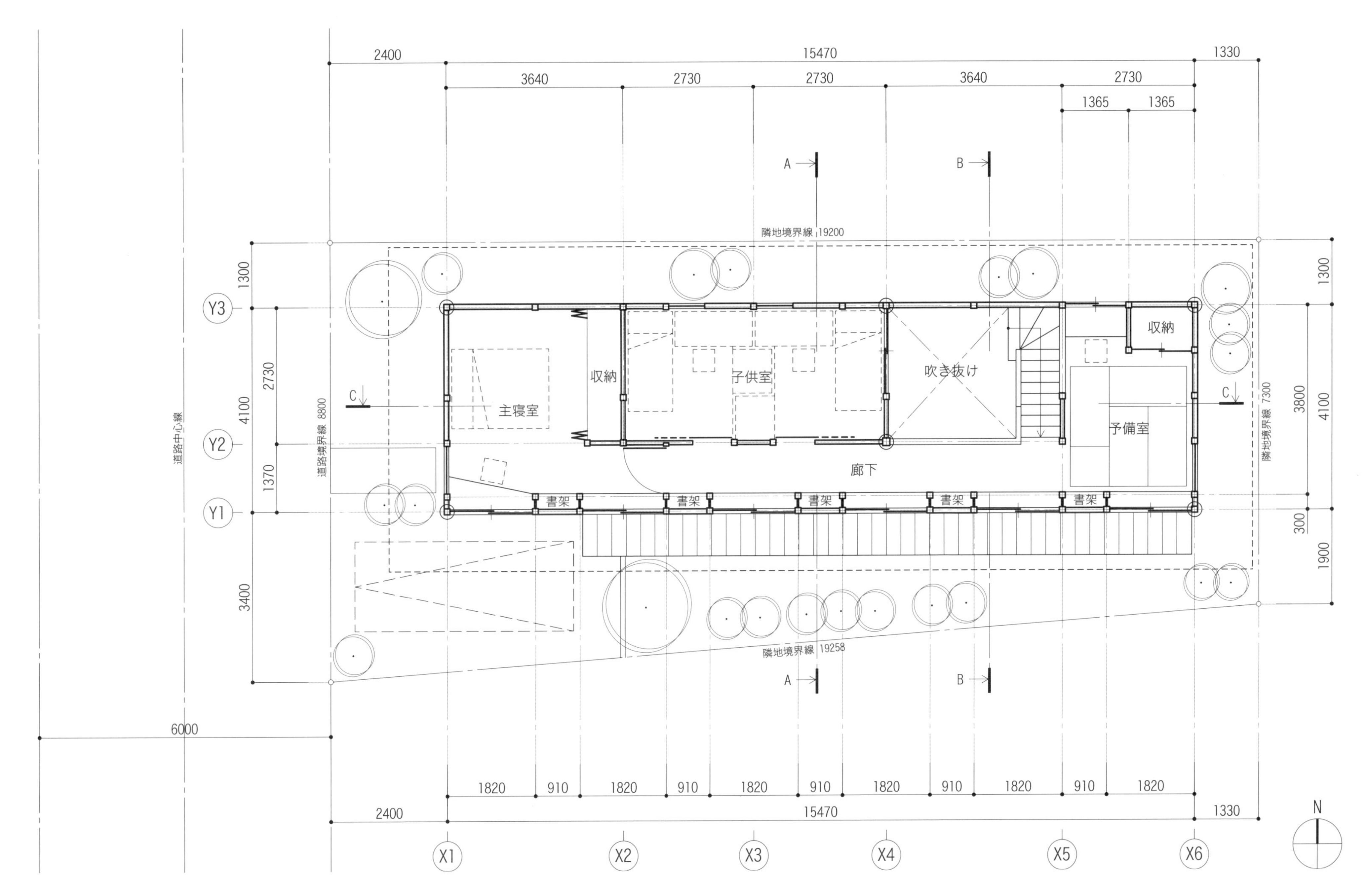

2400
15470
1330
3640
2730
2730
3640
2730
1365
1365
A
B
隣地境界線 19200
1300
2730
4100
1370
3400
Y3
Y2
Y1
道路中心線
道路境界線 8800
C
収納
主寝室
子供室
吹き抜け
予備室
廊下
書架
隣地境界線 7300
3800
300
1900
隣地境界線 19258
6000
1820
910
X1
X2
X3
X4
X5
X6
N

2階平面図 S=1:100

■１階平面図の描き方

1）中心線の記入

（1）壁芯①ー⑨を引く。

（2）他の壁芯・柱芯⑩ー㉖を引く。

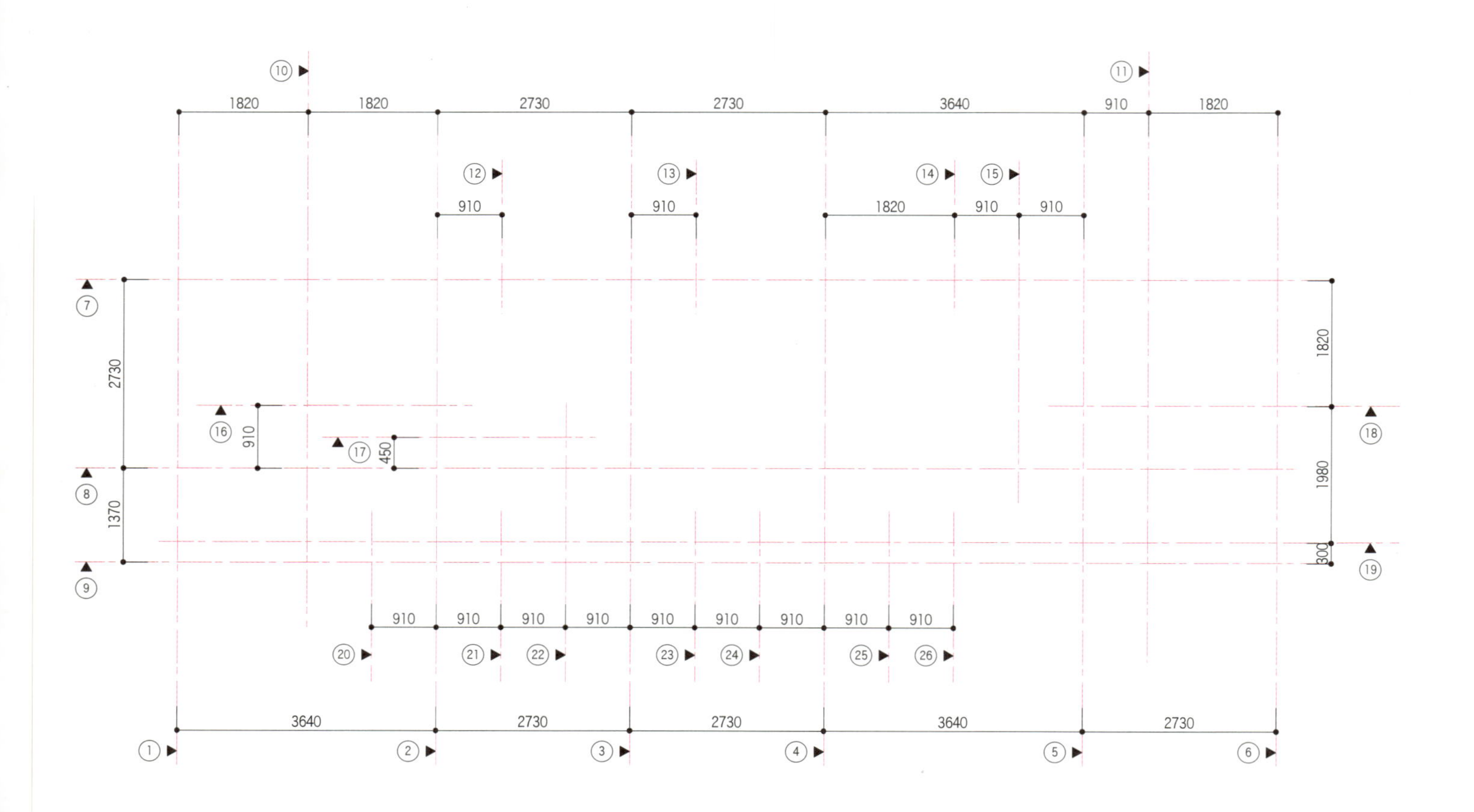

2）壁・柱の下書き

（1）壁芯から壁厚を振り分け、捨て線を引く。

（2）柱の下書き線を引く。

（3）階段部分の破断線を下書きする。

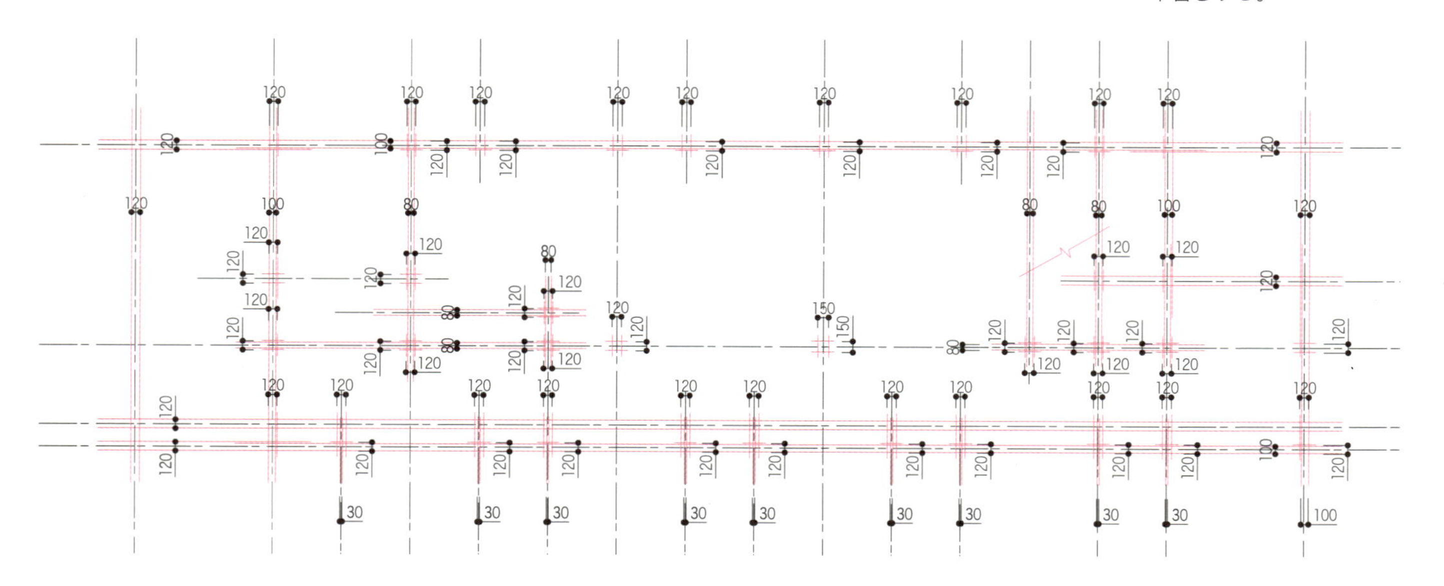

3）柱の仕上げ

4）開口部の下書き

（1）柱を仕上げる。

（2）壁に窓・出入口の幅をとる。

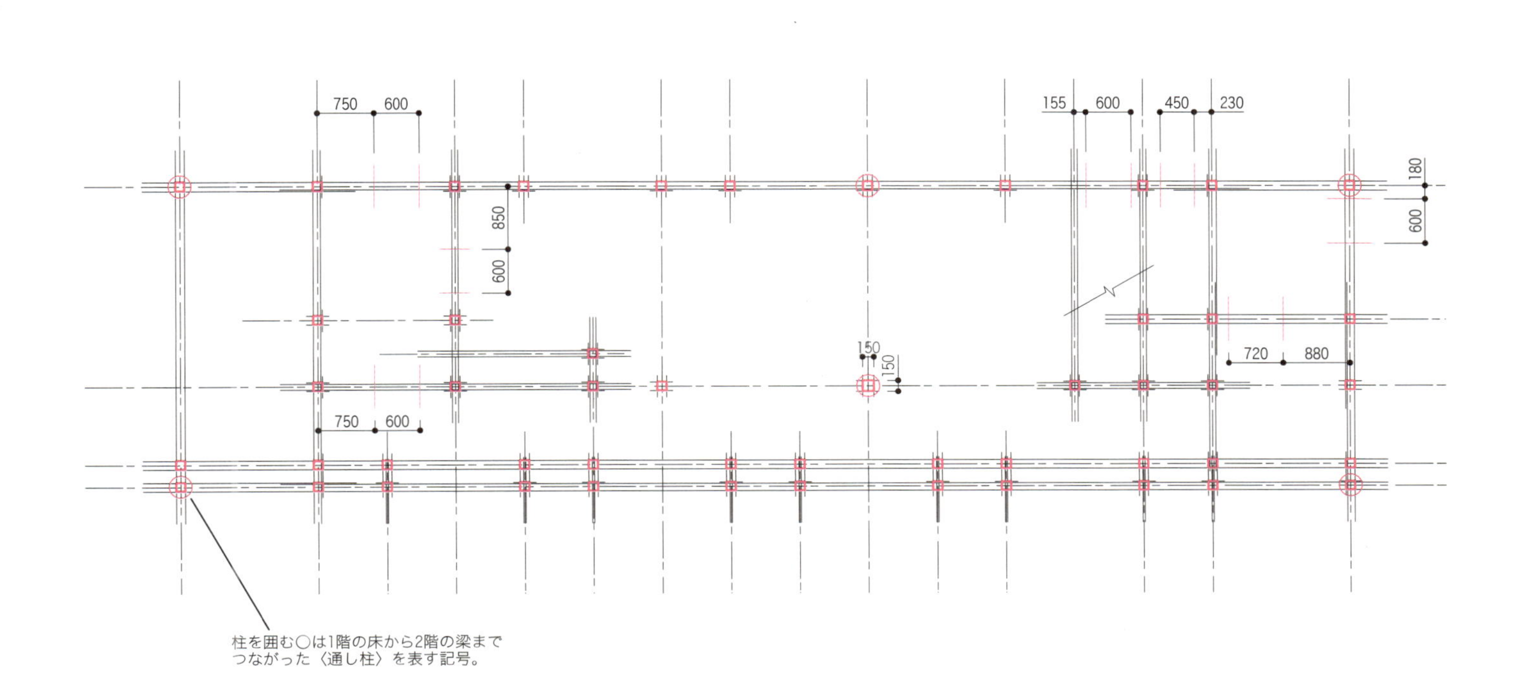

5）壁の仕上げ

（1）壁を仕上げる。

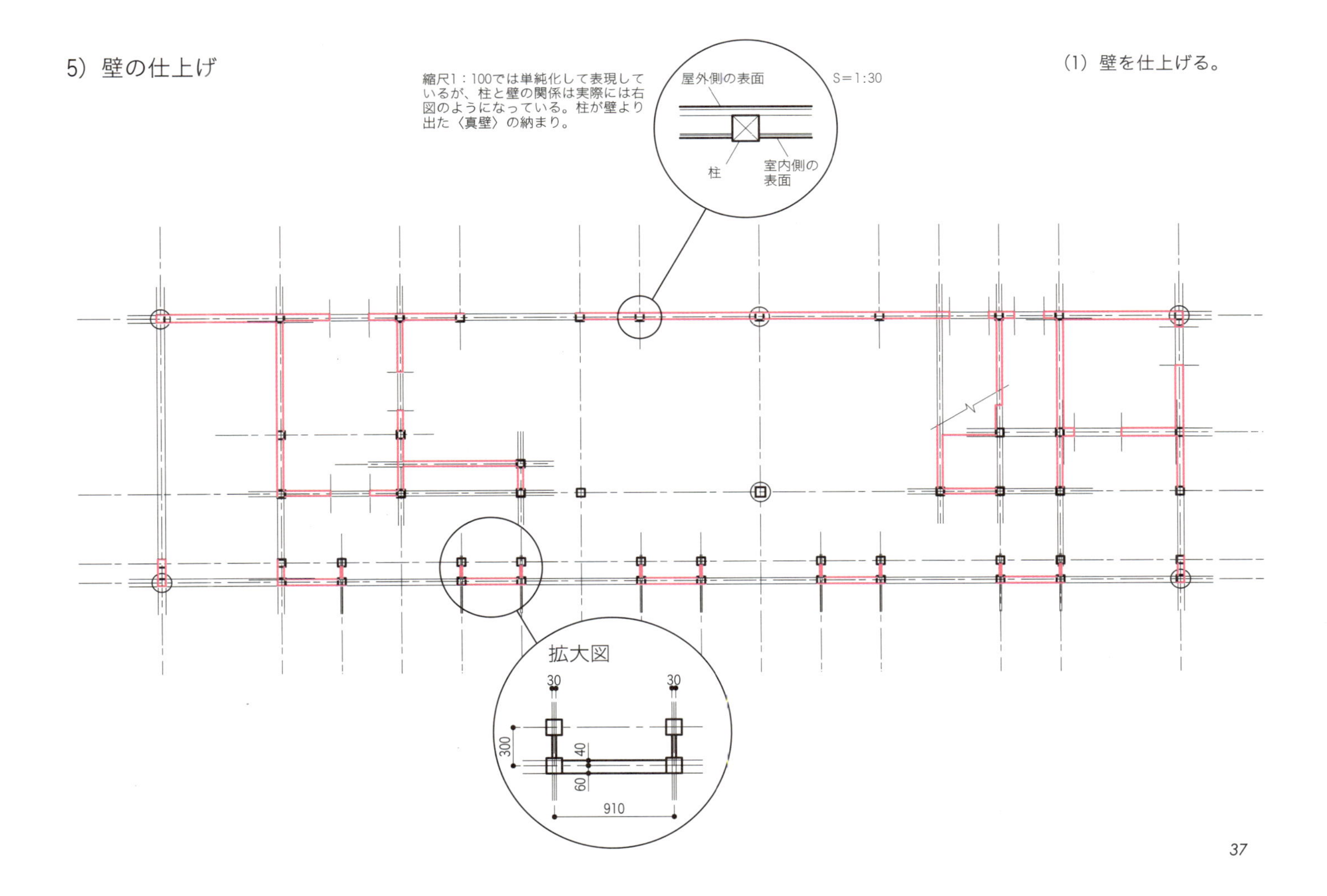

6）建具の記入

（1）外壁面にある窓を下書きする。
（2）出入口の扉・収納の扉を下書きする。
（3）下書きした窓と扉を仕上げる。

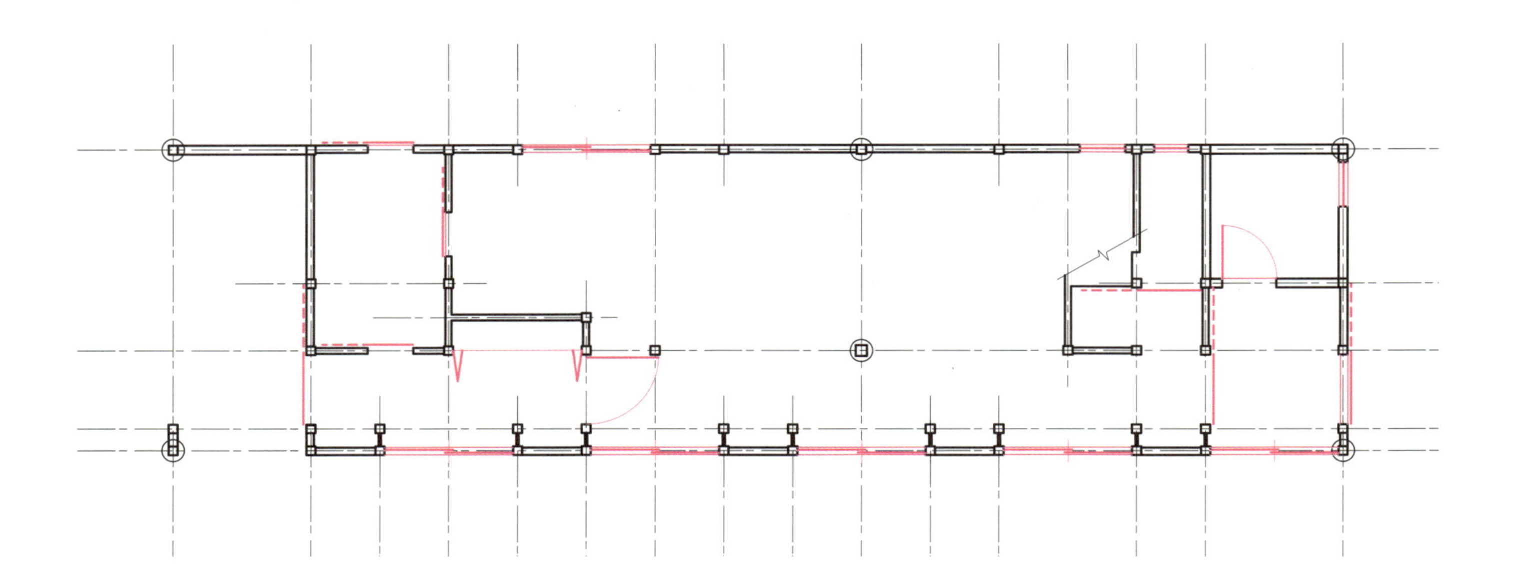

7）階段の下書き・仕上げ・設備機器などの記入

（1）階段の踏面の奥行き（220ミリ）をとり、下書きする。
（2）階段の上り方向を表す矢印を下書きする。
（3）下書きした部分を仕上げる。
（4）流し・便器・洗面台などの設備機器を記入する。
（5）家具を記入する。
（6）縁側・ポーチなどを記入する。

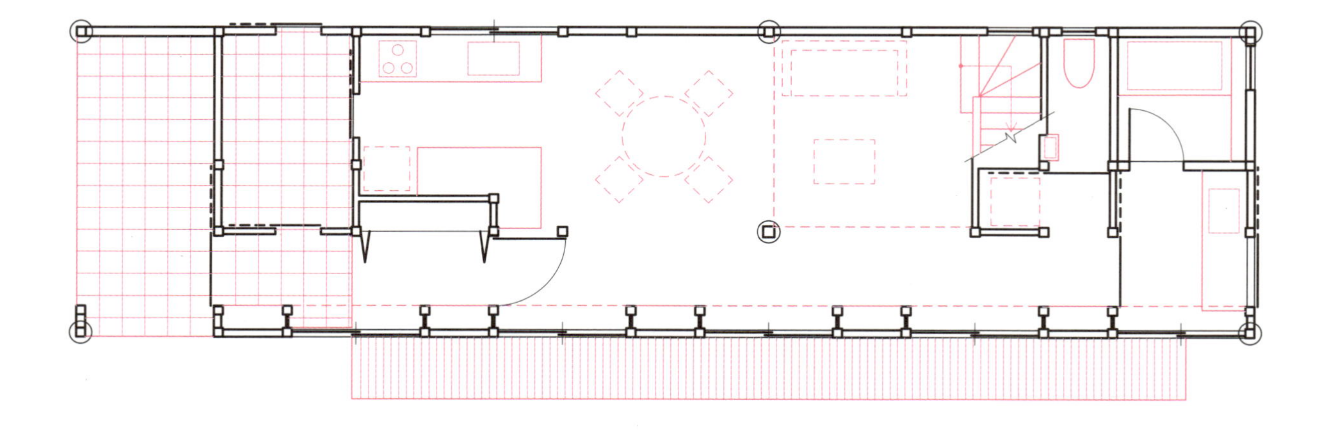

8）寸法名称などの記入

(1) 寸法線を引き、寸法を記入する。
(2) 出入口の表示を記入する。
(3) 断面図の切断位置を示す切断線を引き、記号を記入する。
(4) 室名・図面名・縮尺・方位を記入し、完成させる。

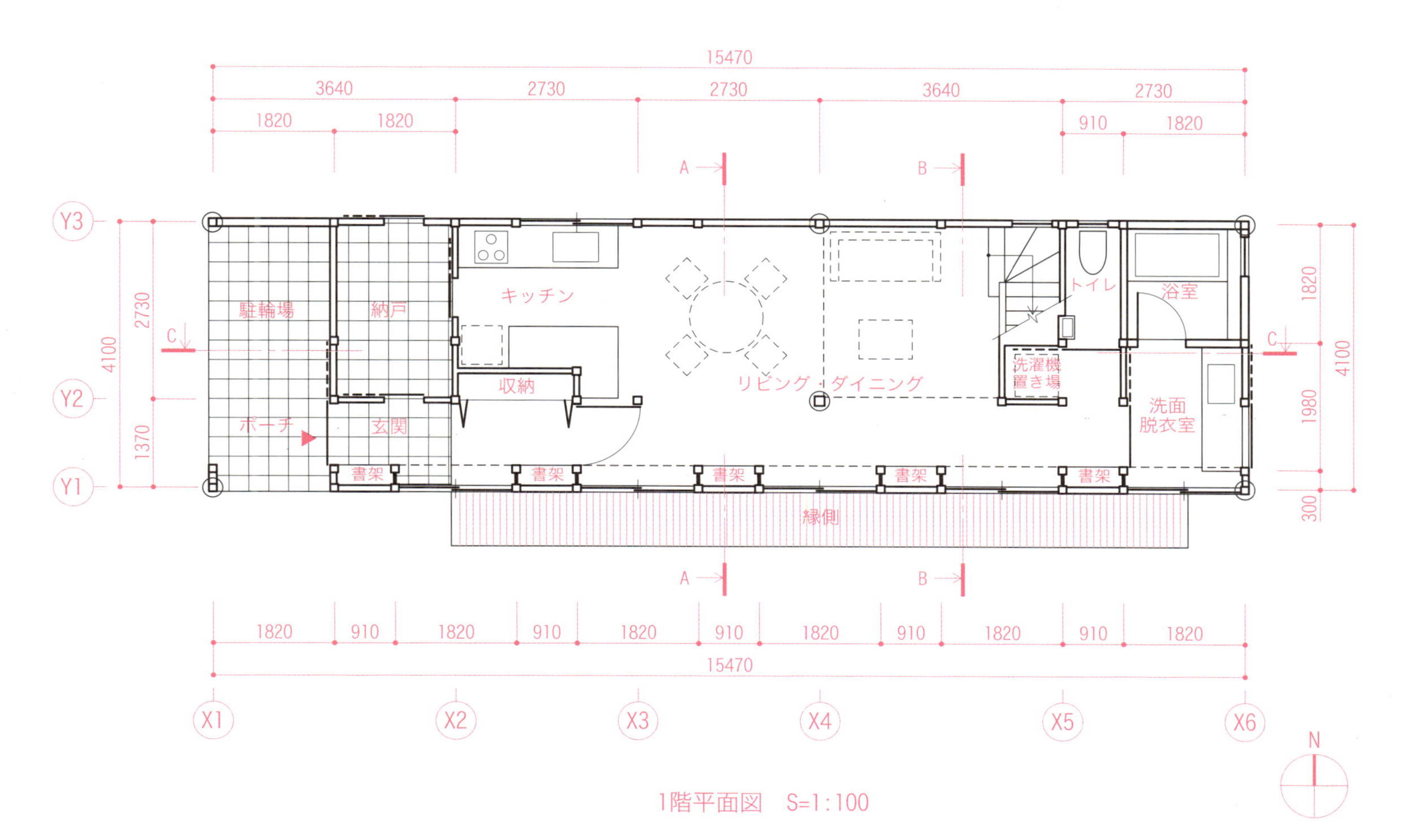

1階平面図　S=1:100

■アイソメ表現の例

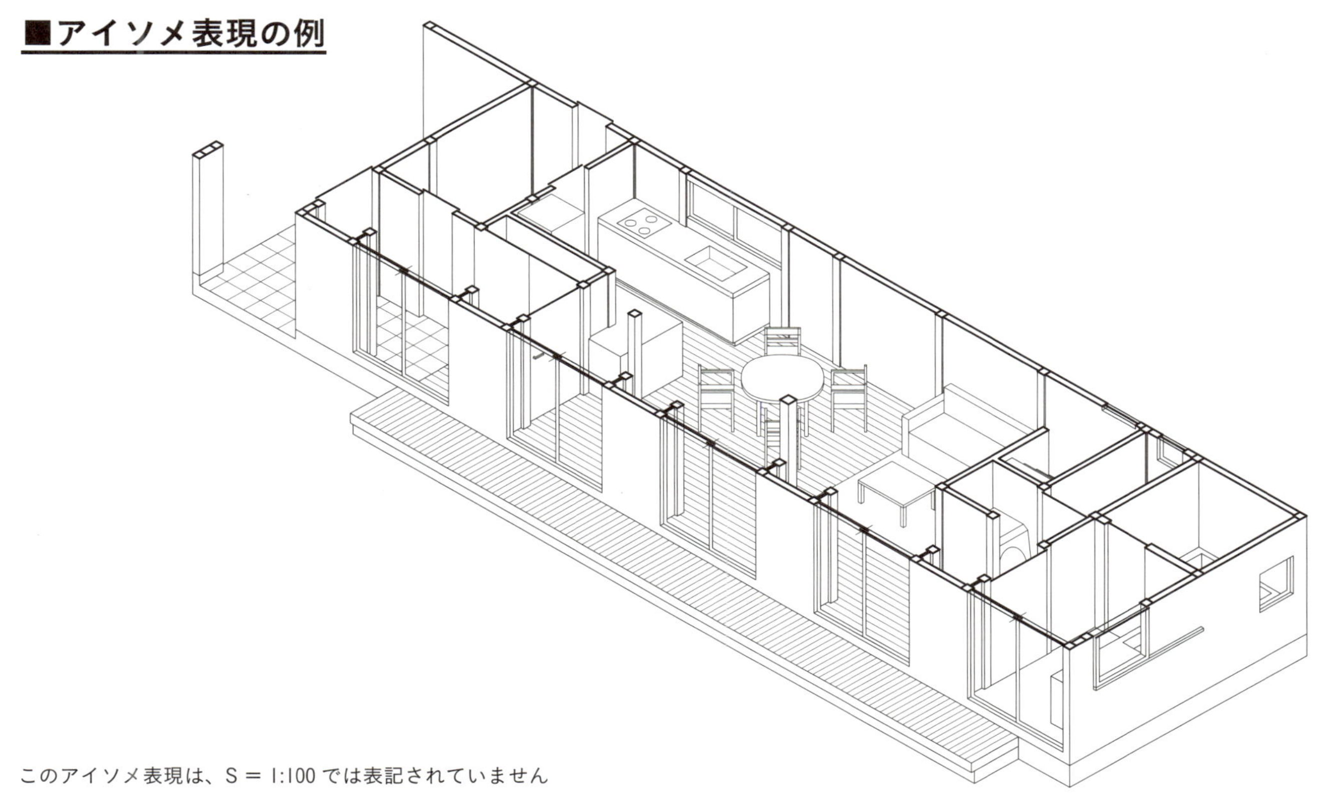

このアイソメ表現は、S ＝ 1:100 では表記されていません

■ 2 階平面図の描き方

1）中心線の記入

(1) 壁芯①ー⑧を引く。

(2) 他の壁芯・柱芯⑨ー㉞を引く。

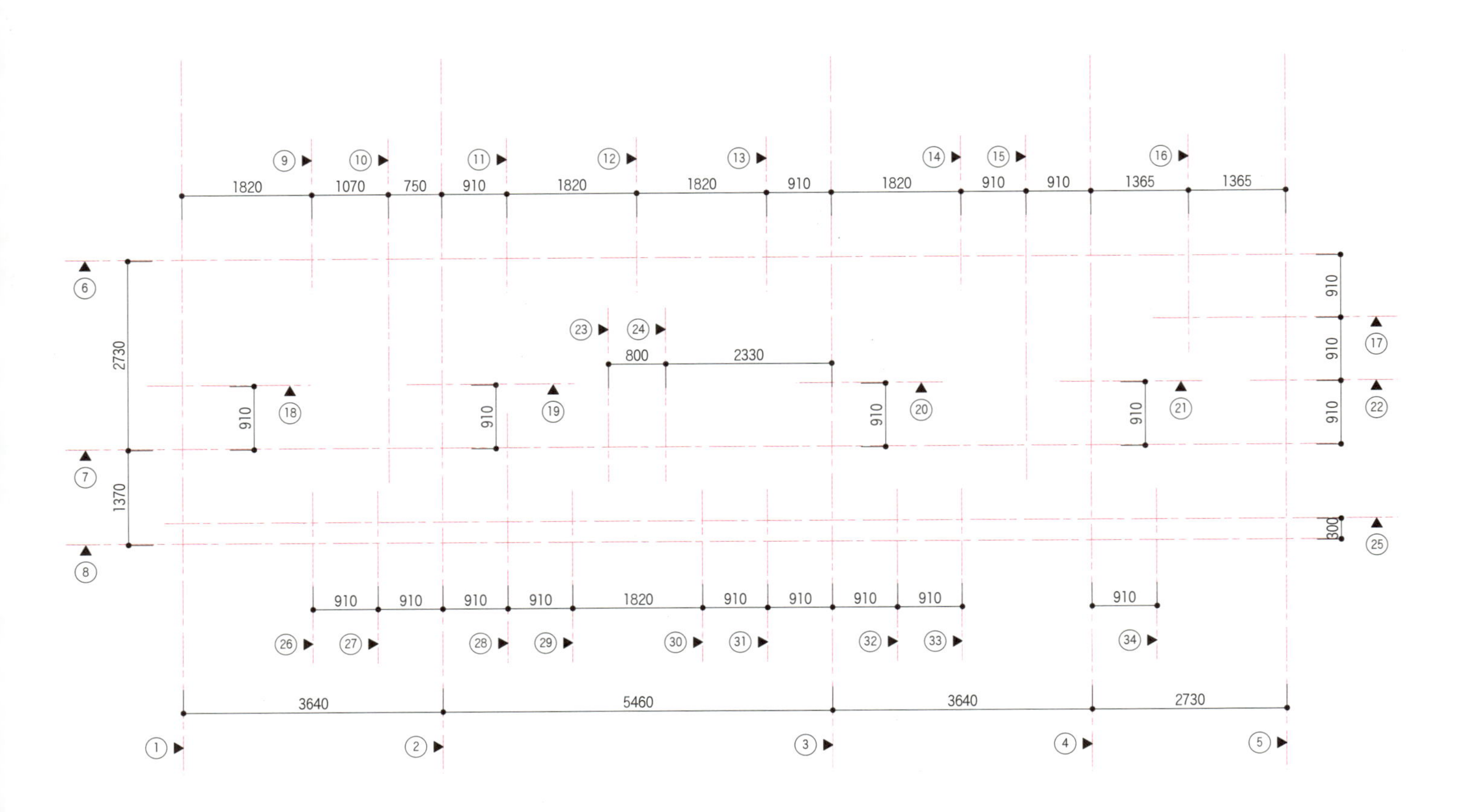

2）壁・柱の下書き

(1) 壁芯から壁厚を振り分け、
捨て線を引く。

(2) 柱の下書き線を引く。

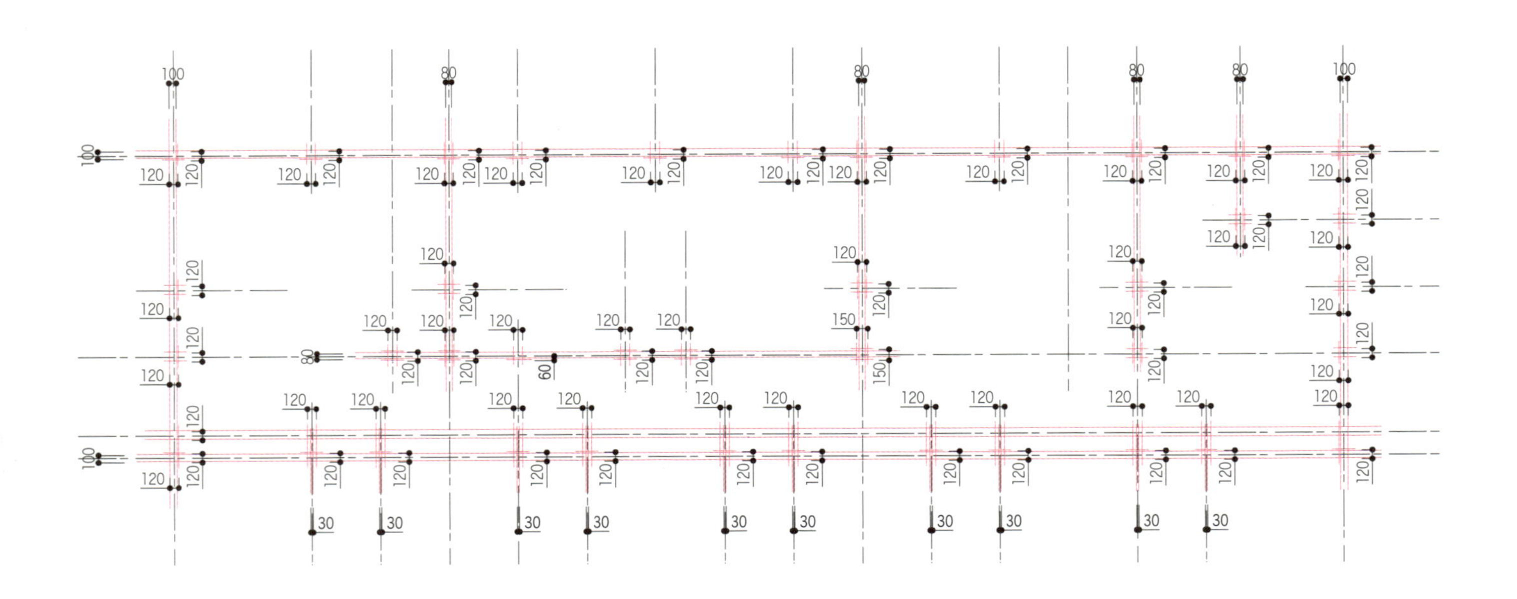

3）柱の仕上げ

4）開口部の下書き

（1）柱を仕上げる。

（2）壁に窓・出入口の幅をとる。

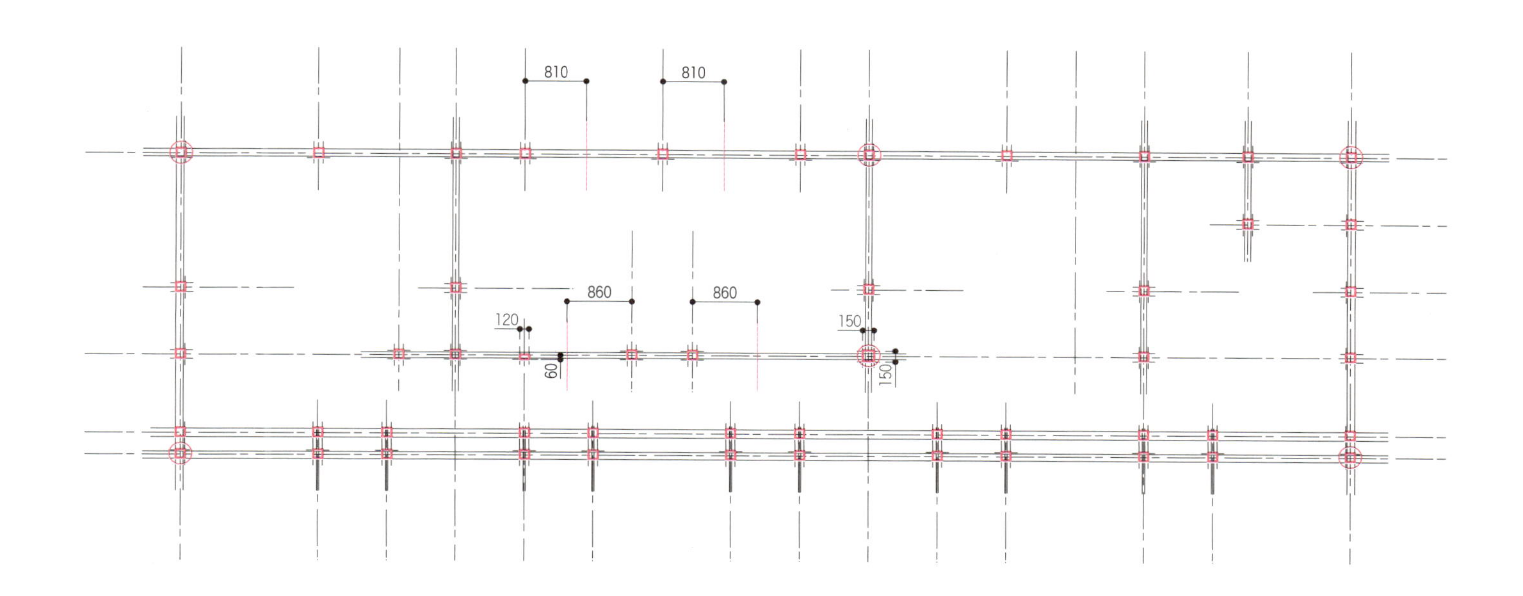

5）壁の仕上げ

（1）壁を仕上げる。

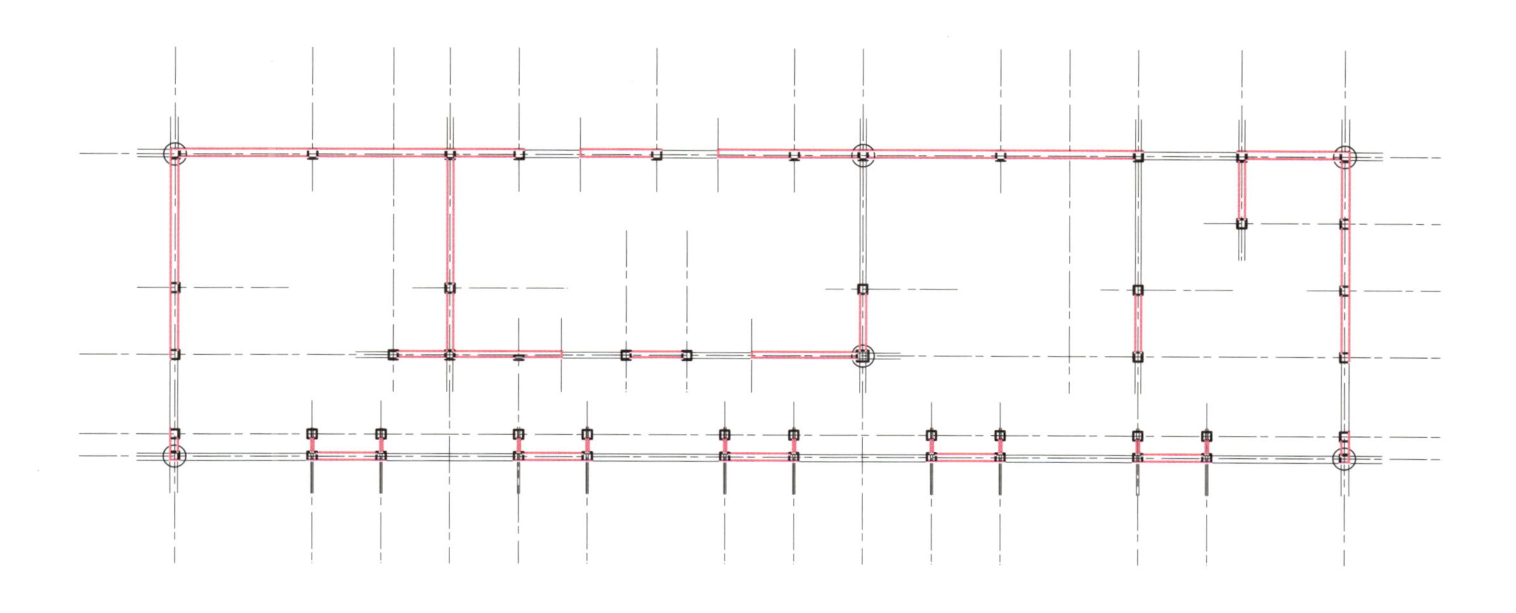

6）建具の記入

（1）外壁面にある窓を下書きする。
（2）出入口の扉・収納の扉を下書きする。
（3）下書きした窓と扉を仕上げる。

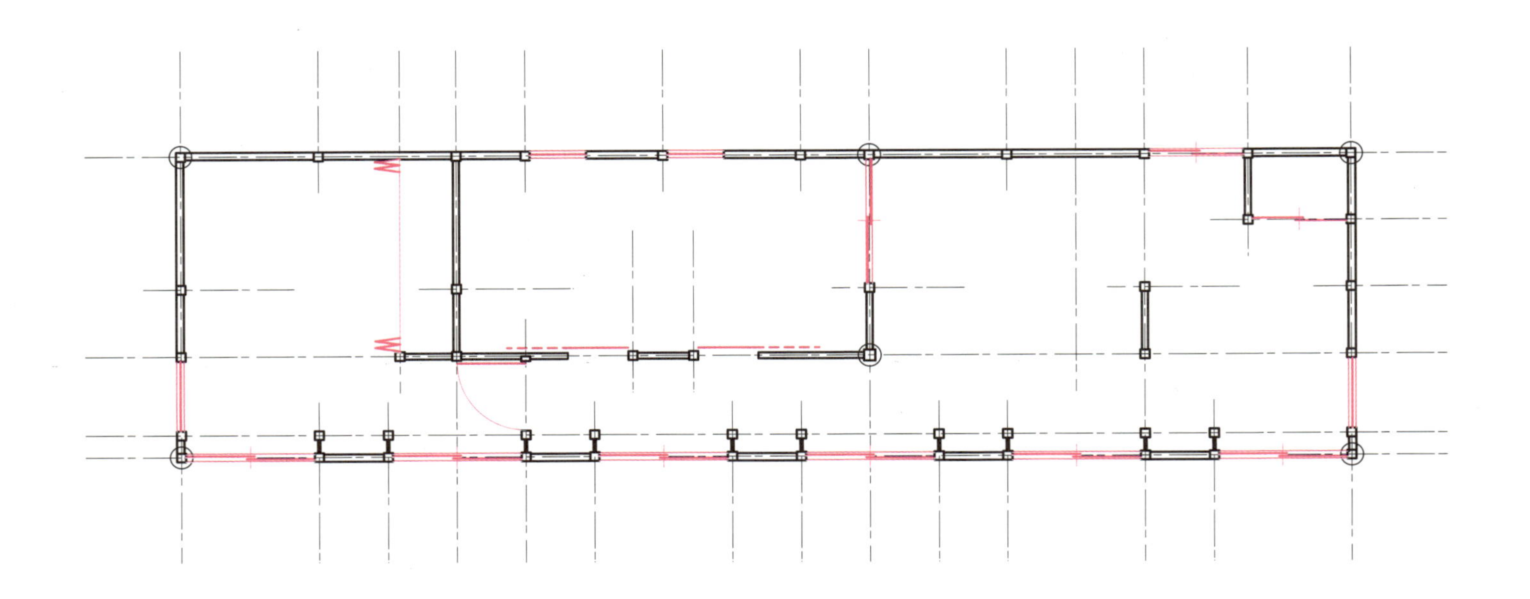

7）階段の下書き・仕上げ・設備機器などの記入

（1）階段の踏面の奥行き（220ミリ）をとり、下書きする。
（2）階段の上り方向を表す矢印を下書きする。
（3）下書きした部分を仕上げる。
（4）家具を記入する。
（5）庇・畳などを記入する。

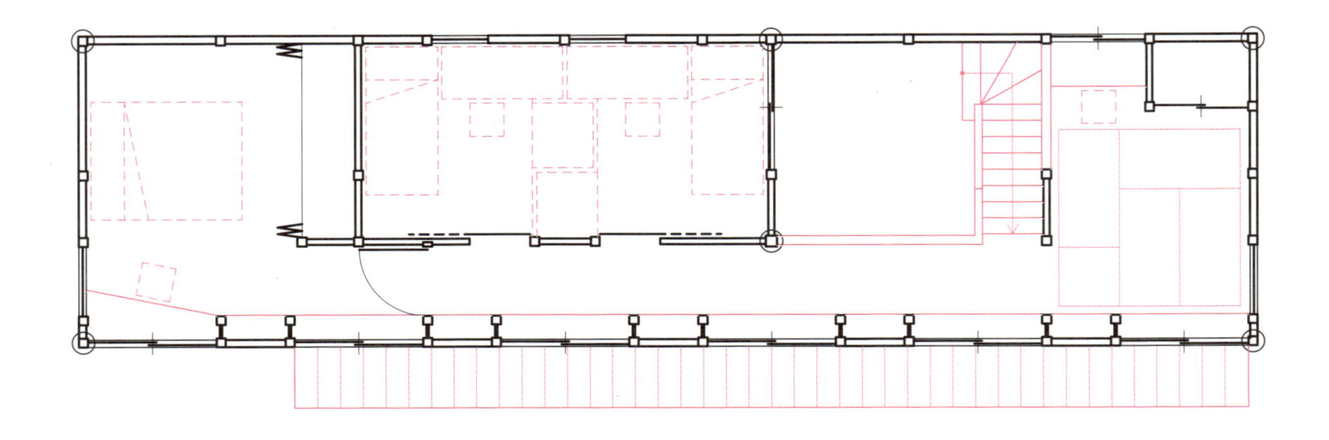

8）寸法名称などの記入

（1）寸法線を引き、寸法を記入する。
（2）断面図の切断位置を示す切断線を引き、記号を記入する。
（3）室名・図面名・縮尺・方位を記入し、完成させる。

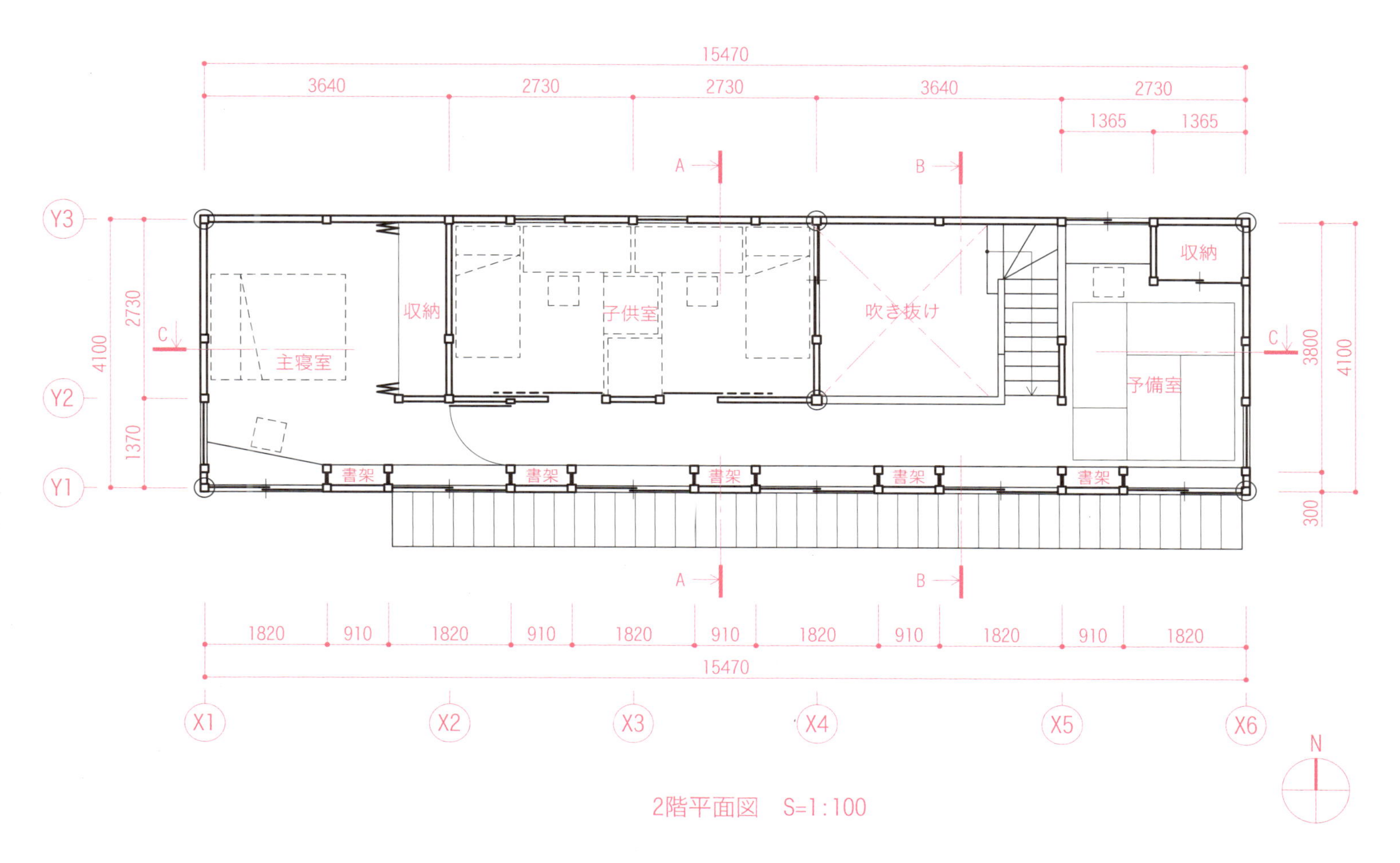

■内観パースの例

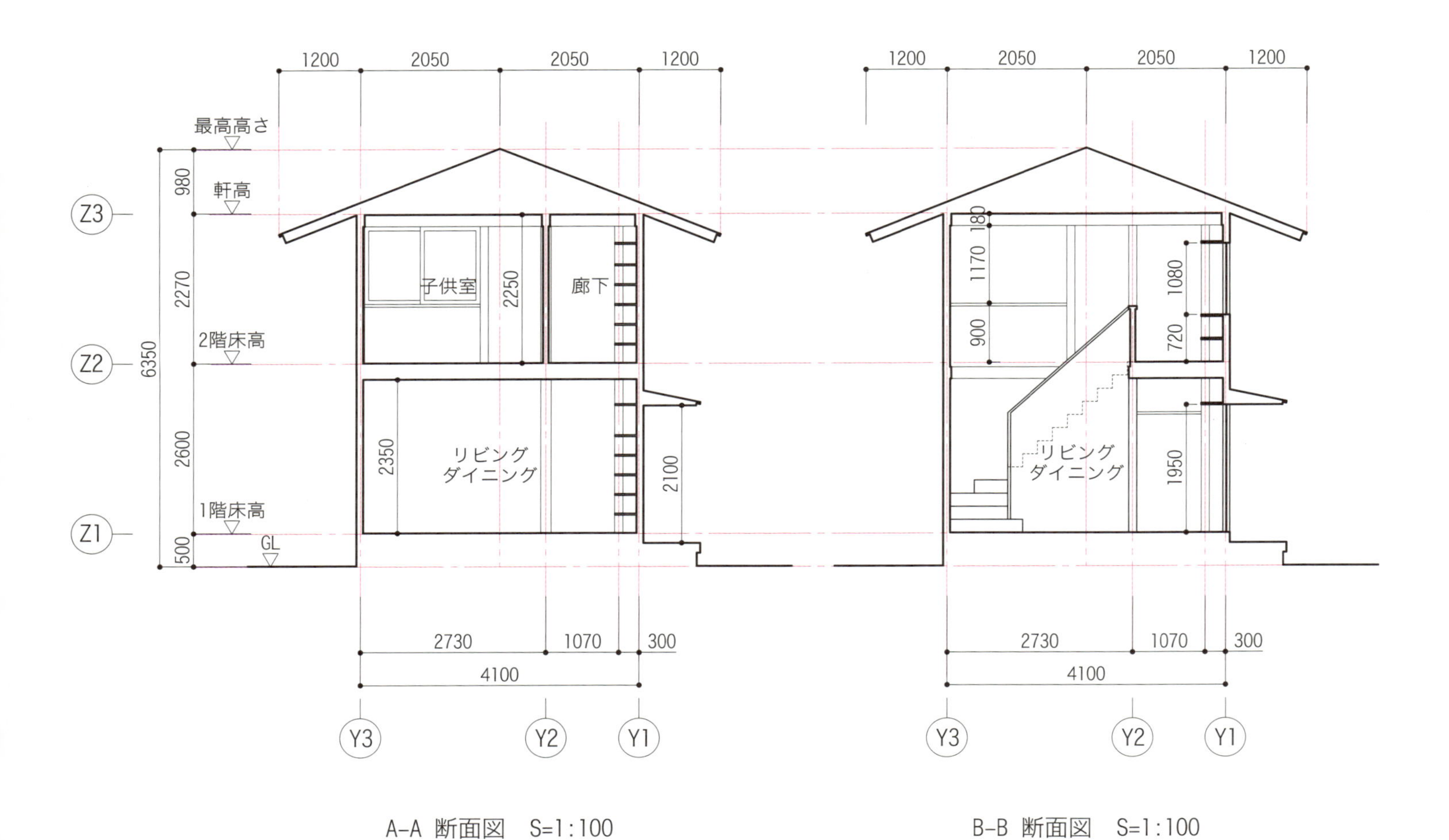

A-A 断面図　S=1:100

B-B 断面図　S=1:100

C-C 断面図　S=1:100

■断面図（A－A）の描き方

1）基準線・中心線の記入

（1）地盤線（GL）①を引く。
（2）高さの基準②－⑤を引く。
（3）壁芯・柱芯⑥－⑩を引く。
（4）棟の中心線⑪を引く。
（5）屋根勾配⑫－⑬を引く。
（6）軒の出⑭－⑮を引く。

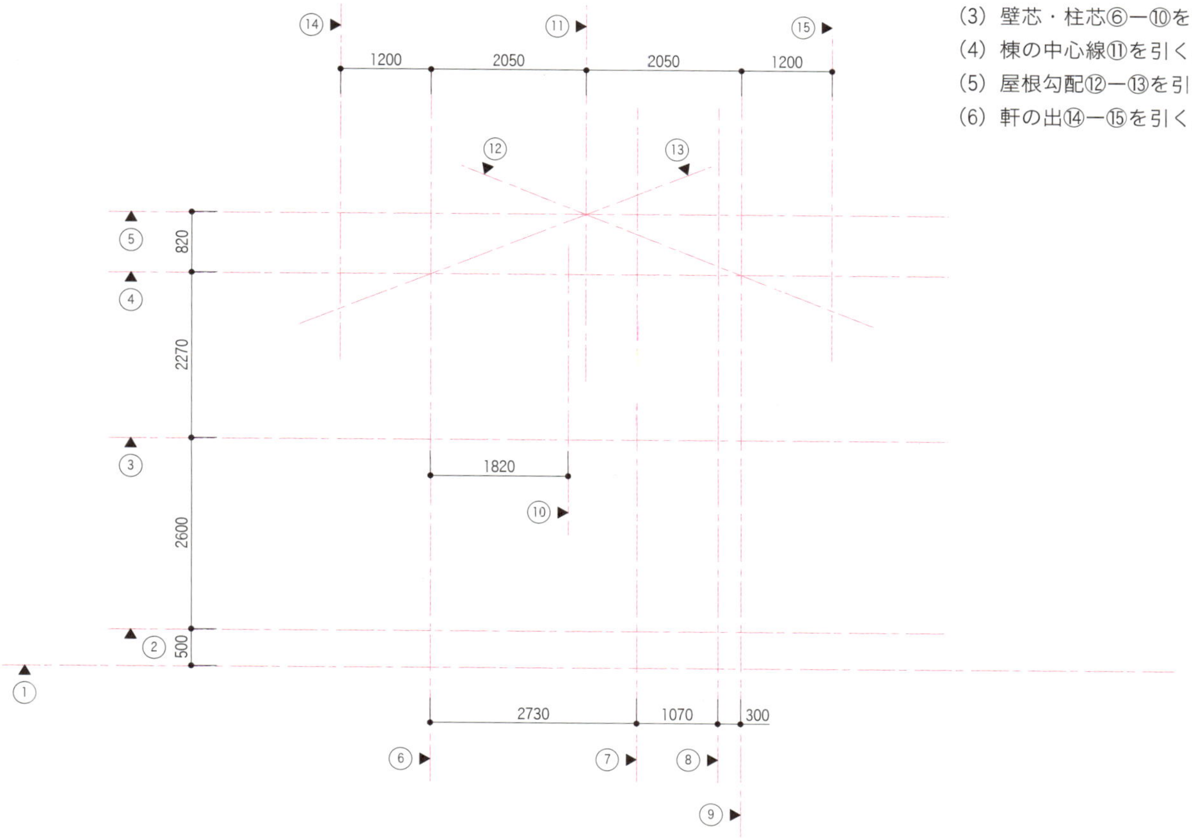

2）屋根・壁・天井・庇の下書き

（1）屋根の仕上げ線を下書きする。
（2）壁厚を芯から振り分けて、
　　捨て線を引く。
（3）各階の床面から天井面までの
　　高さをとり、捨て線を引く。
（4）梁・柱を下書きをする。
（5）庇を下書きをする。

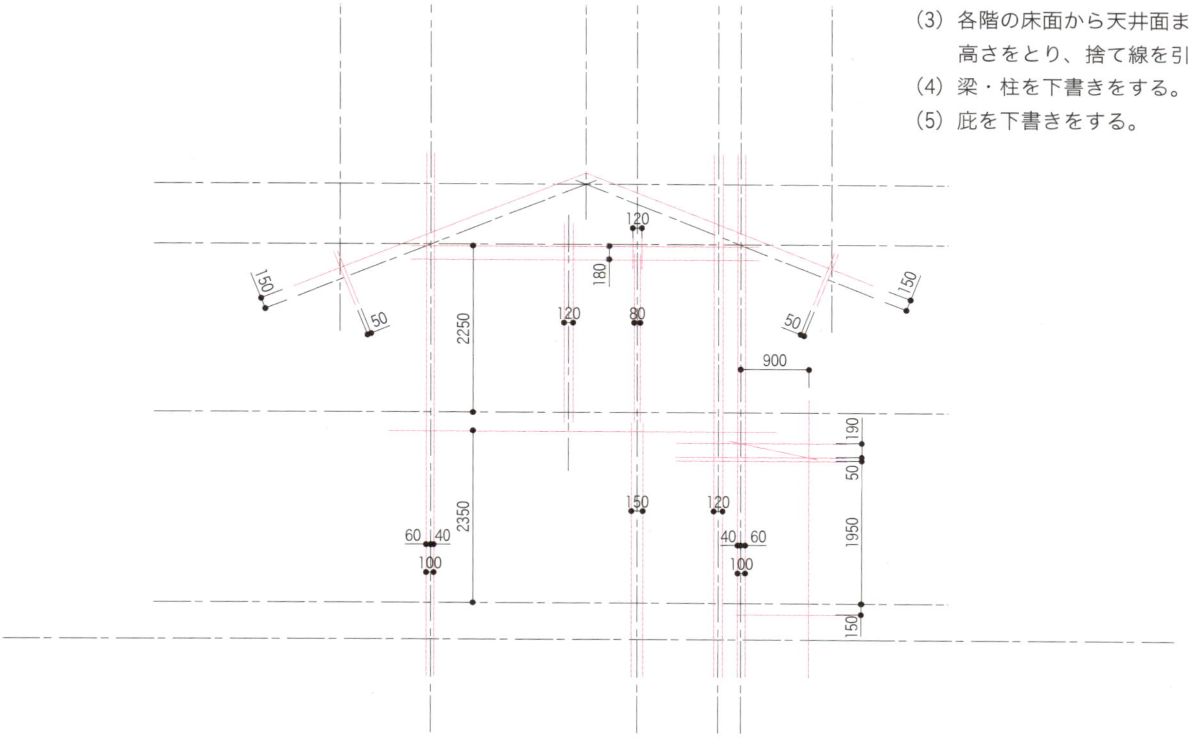

3) 屋根・壁・天井・床・庇などの仕上げ

(1) 下書きした屋根・壁・天井・床などを仕上げる。
(2) 地盤面を仕上げる。

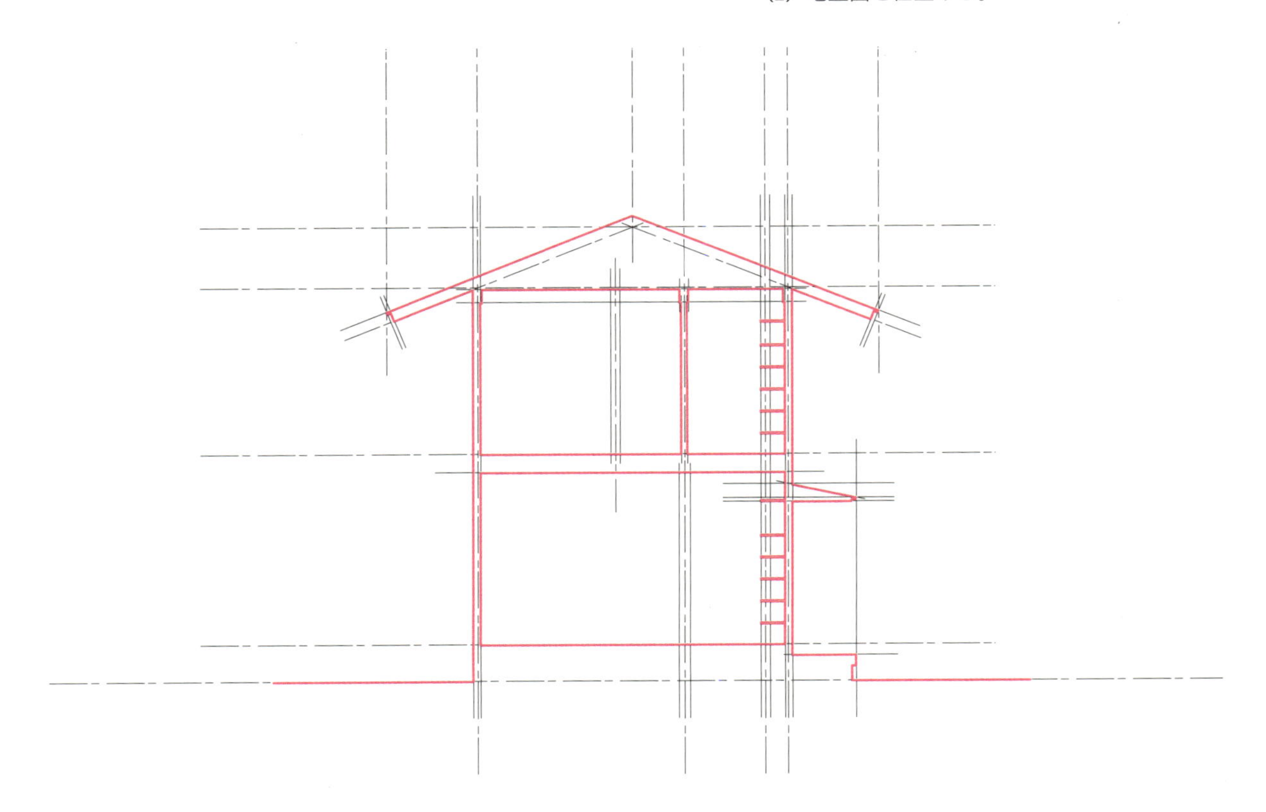

4) 壁面の姿・寸法・名称の記入

(1) リビング・ダイニングの柱、子供室の窓など、見える線を描く。
(2) 寸法線を引き、寸法を記入する。
(3) 室名・図面名・縮尺などを記入し、完成させる。

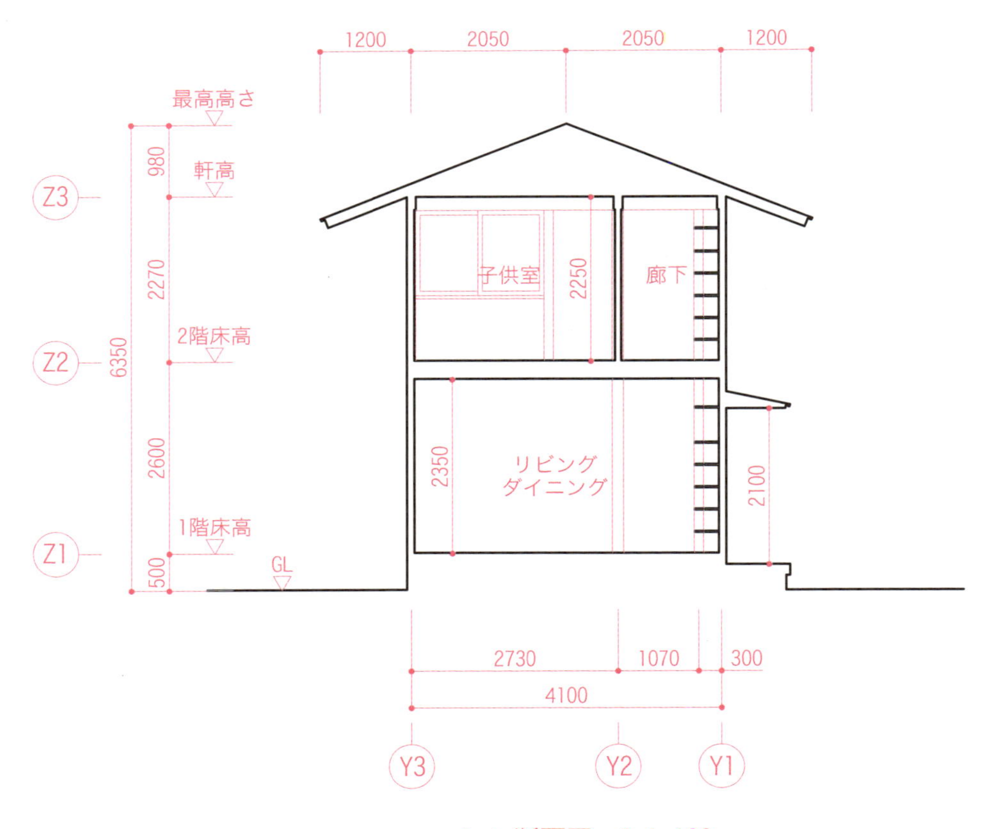

A-A 断面図 S=1:100

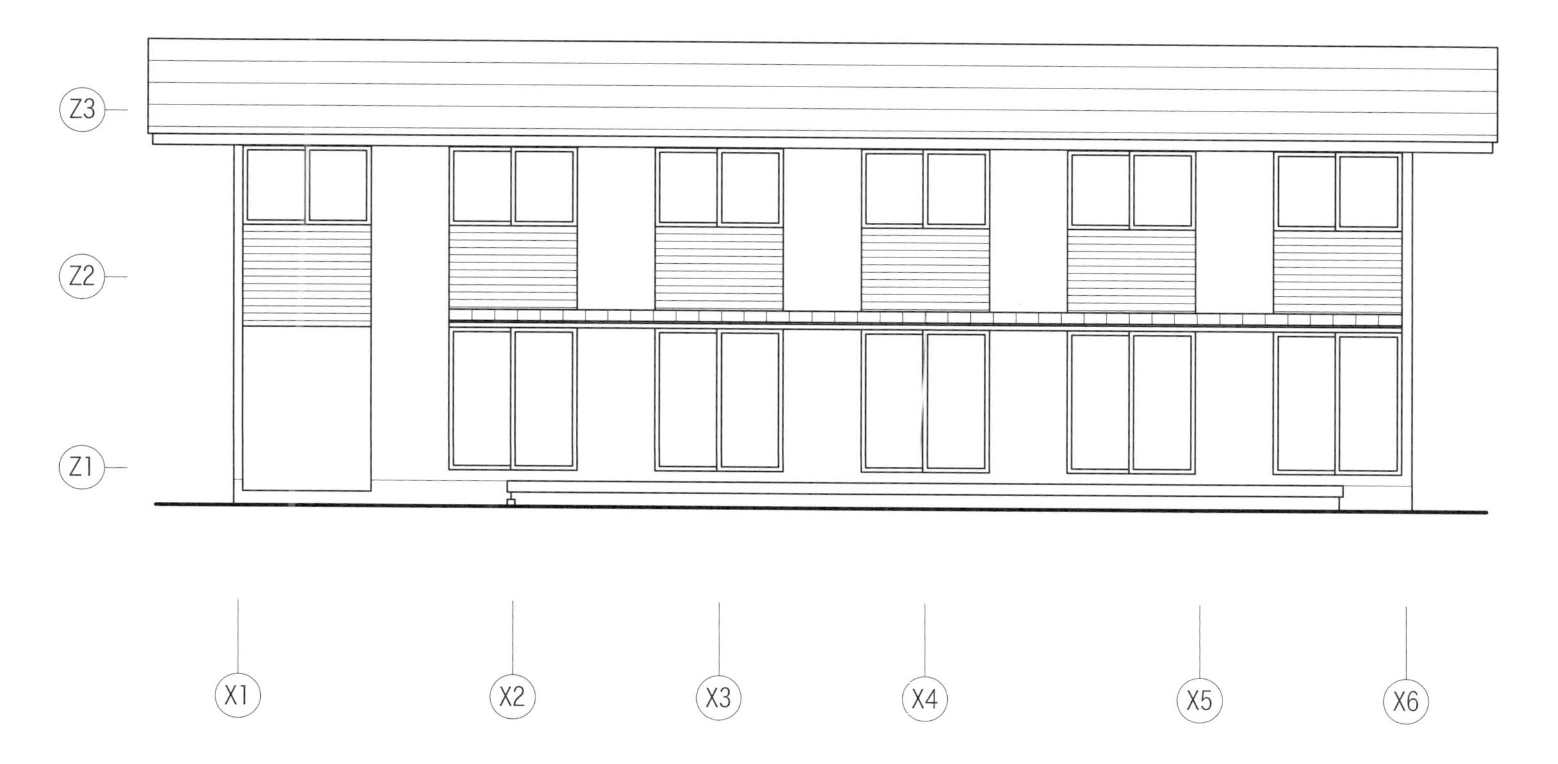

南側立面図　S=1:100

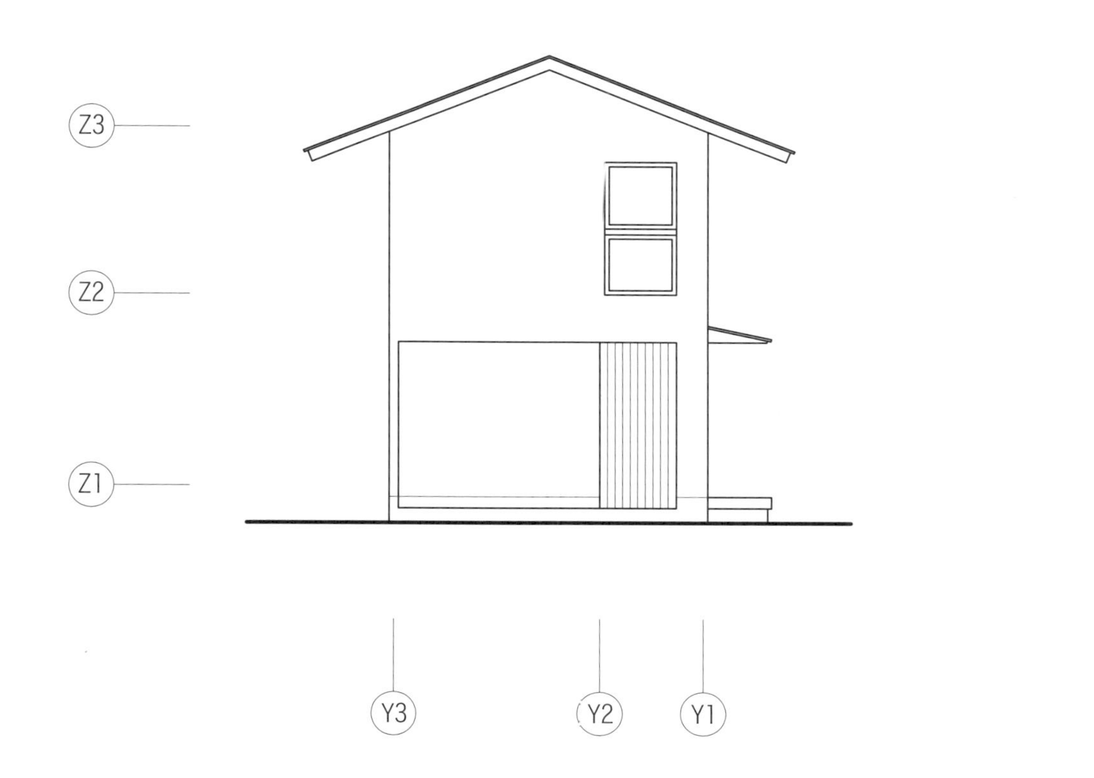

西側立面図　S=1:100

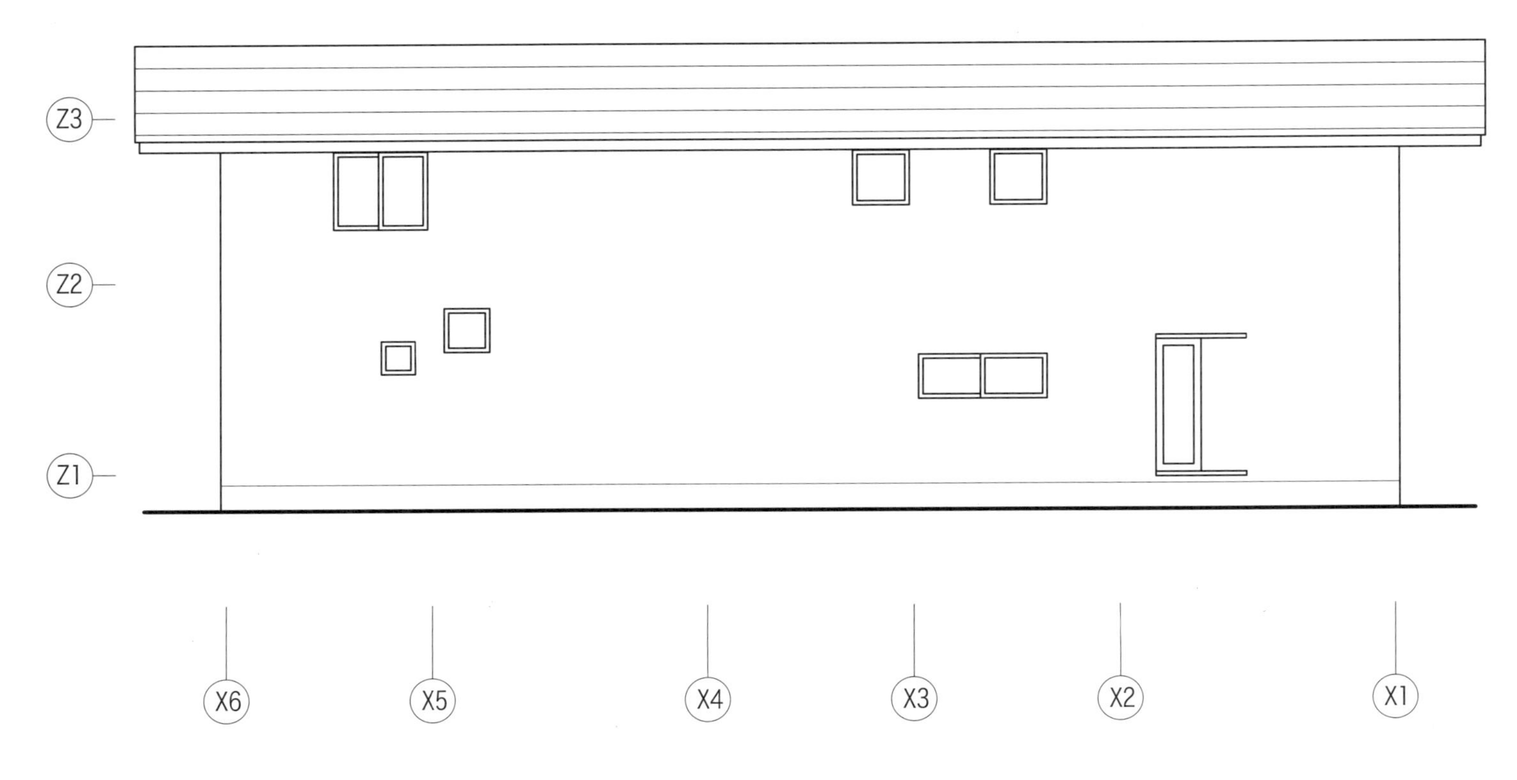

北側立面図　S=1:100

東側立面図　S=1:100

■立面図（西側）の描き方

1）基準線・中心線の記入

(1) 地盤線（GL）①を引く。
(2) 高さの基準②ー⑤を引く。
(3) 壁芯・柱芯⑥ー⑨を引く。
(4) 棟の中心線⑩を引く。
(5) 屋根勾配⑪ー⑫を引く。
(6) 軒の出⑬ー⑭を引く。

2）屋根・壁の下書き

(1) 壁厚・柱幅を壁芯・柱芯から振り分けて、捨て線を引く。
(2) 屋根の仕上げ線を下書きする。
(3) 庇を下書きをする。

3）屋根・壁の仕上げ、開口部の下書き

（1）屋根を仕上げる。
（2）壁を仕上げる。
（3）地盤面を仕上げる。
（4）開口部の位置を下書きする。

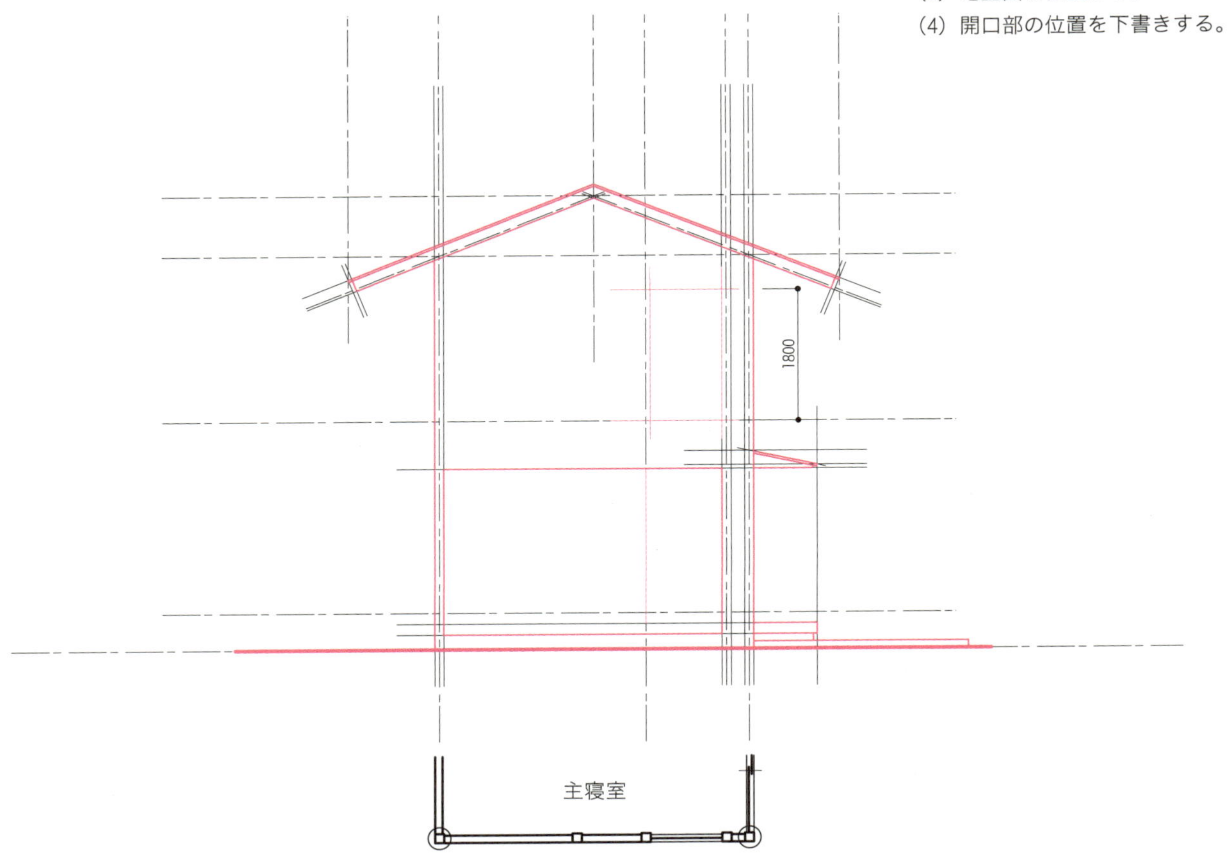

4）建具などの記入

（1）建具を記入する。
（2）その他の外壁の見えがかり線を記入する。
（3）図面名・縮尺などを記入し、完成させる。

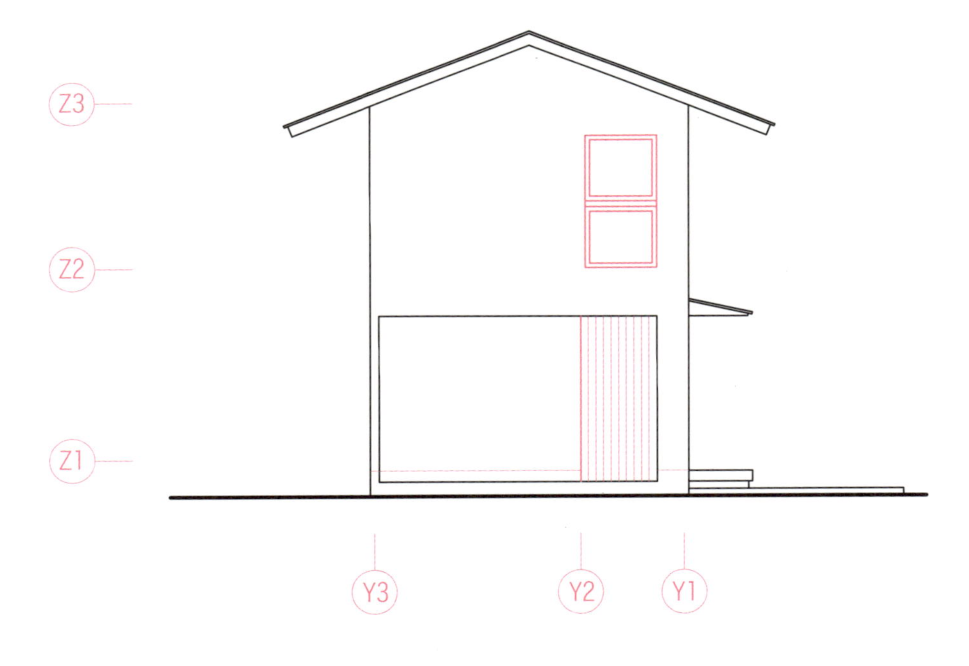

西側立面図　S=1:100

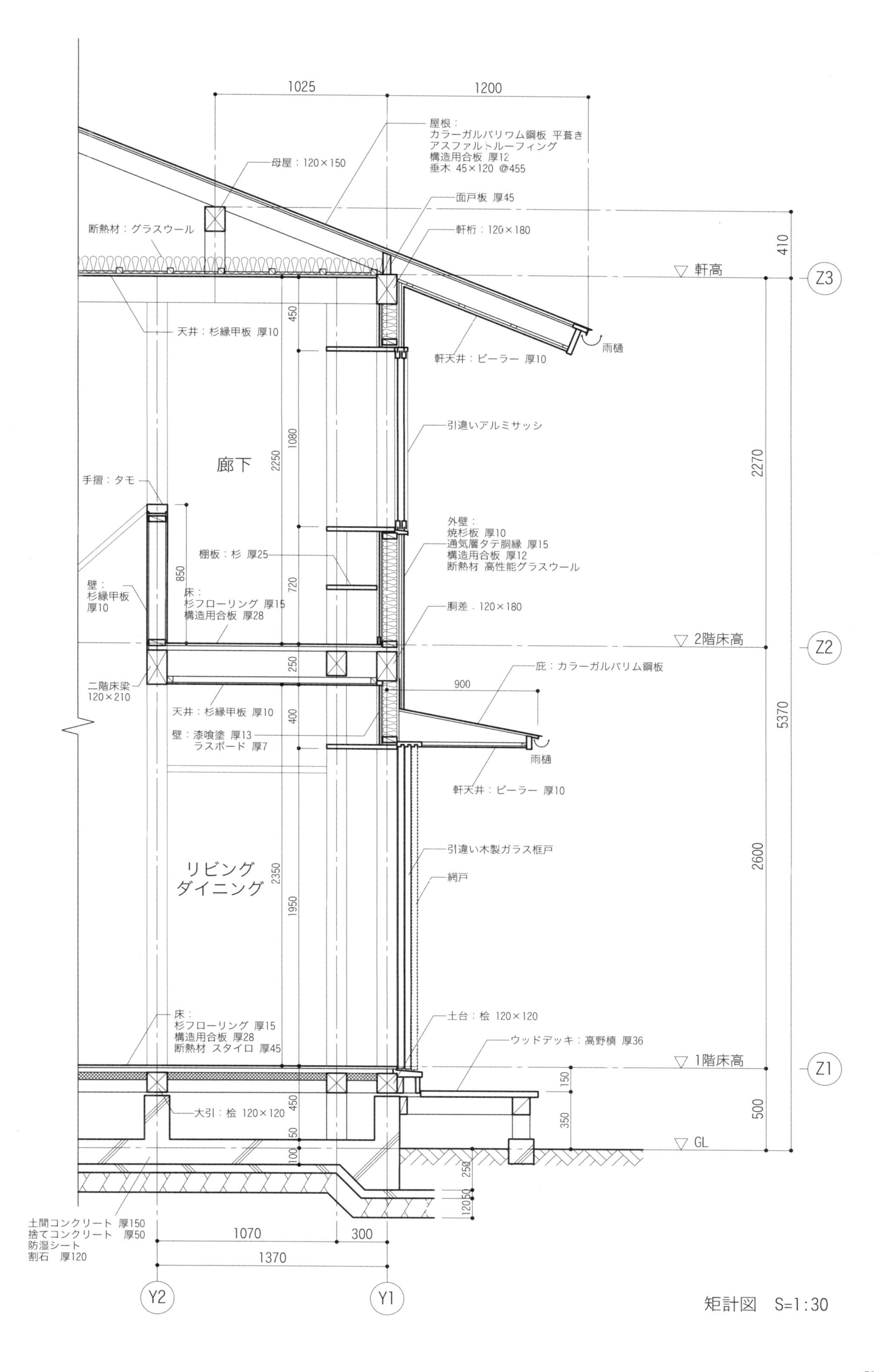
1025
1200
屋根：
カラーガルバリウム鋼板 平葺き
アスファルトルーフィング
構造用合板 厚12
垂木 45×120 @455
母屋：120×150
面戸板 厚45
断熱材：グラスウール
軒桁：120×180
410
軒高
Z3
天井：杉縁甲板 厚10
450
雨樋
軒天井：ピーラー 厚10
引違いアルミサッシ
廊下
2250
1080
2270
手摺：タモ
外壁：
焼杉板 厚10
通気層タテ胴縁 厚15
構造用合板 厚12
断熱材 高性能グラスウール
棚板：杉 厚25
850
720
壁：
杉縁甲板
厚10
床：
杉フローリング 厚15
構造用合板 厚28
胴差：120×180
2階床高
Z2
庇：カラーガルバリム鋼板
250
二階床梁
120×210
900
天井：杉縁甲板 厚10
400
5370
壁：漆喰塗 厚13
ラスボード 厚7
雨樋
軒天井：ピーラー 厚10
引違い木製ガラス框戸
網戸
リビング
ダイニング
2350
1950
2600
床：
杉フローリング 厚15
構造用合板 厚28
断熱材 スタイロ 厚45
土台：桧 120×120
ウッドデッキ：高野槙 厚36
1階床高
Z1
150
500
大引：桧 120×120
450
350
50
GL
100
250
120
50
土間コンクリート 厚150
捨てコンクリート 厚50
防湿シート
割石 厚120
1070
300
1370
Y2
Y1

矩計図 S=1:30

■矩計図の描き方

1）基準線・中心線の下書き

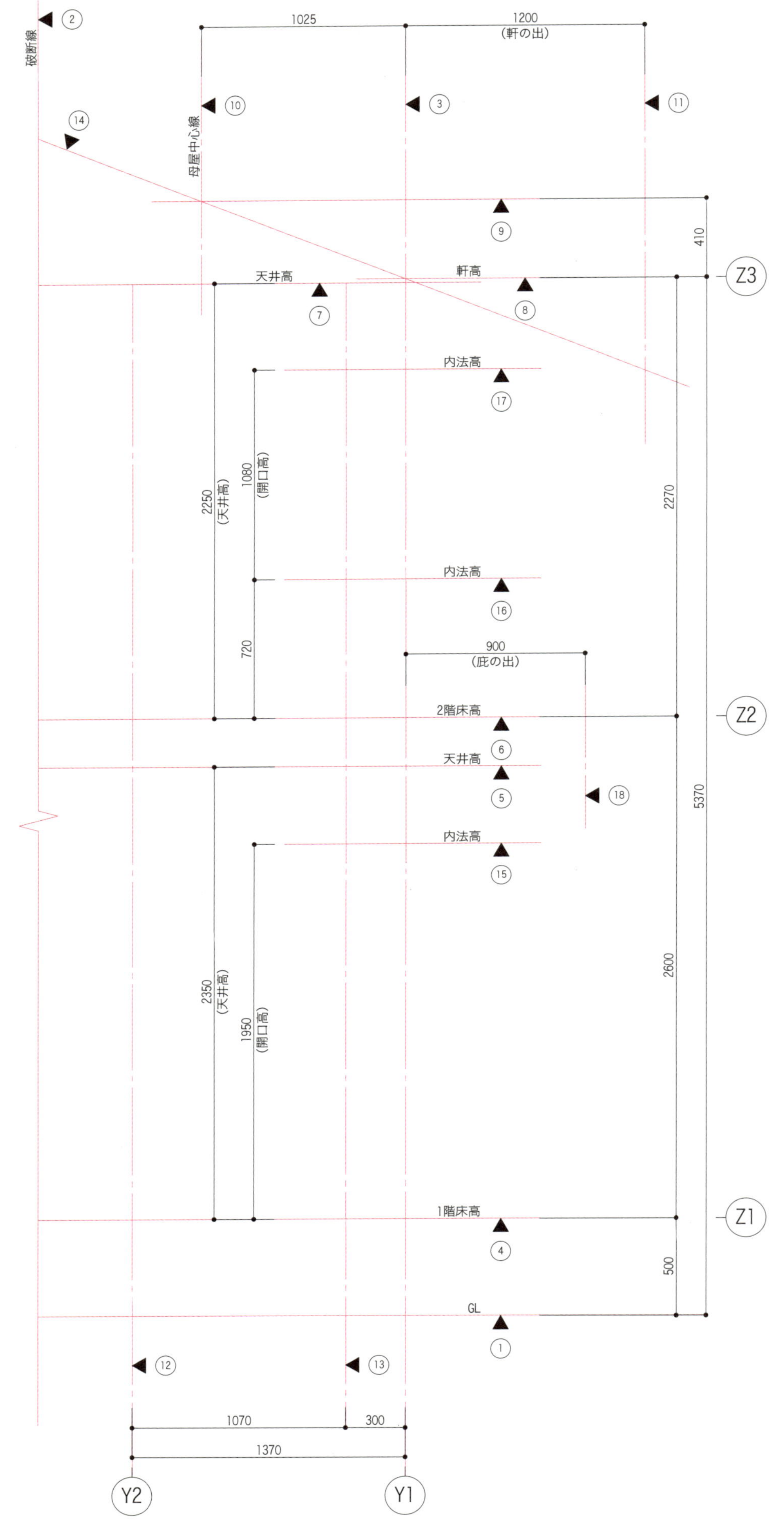

(1) 地盤線（GL）①を下書きする。
(2) 破断線②を下書きする。
(3) 柱芯③を引く。
(4) 地盤線（GL）を基準にして、
　　高さの基準④一⑨を下書きする。
(5) 母屋中心線⑩と軒の出⑪を引く。
(6) 柱芯⑫一⑬を引く。
(7) 屋根の勾配⑭を下書きする。
(8) 1階床高を基準にして、
　　内法高⑮一⑰を下書きする。
(9) 庇の出⑱を引く。

2）断面線の下書き

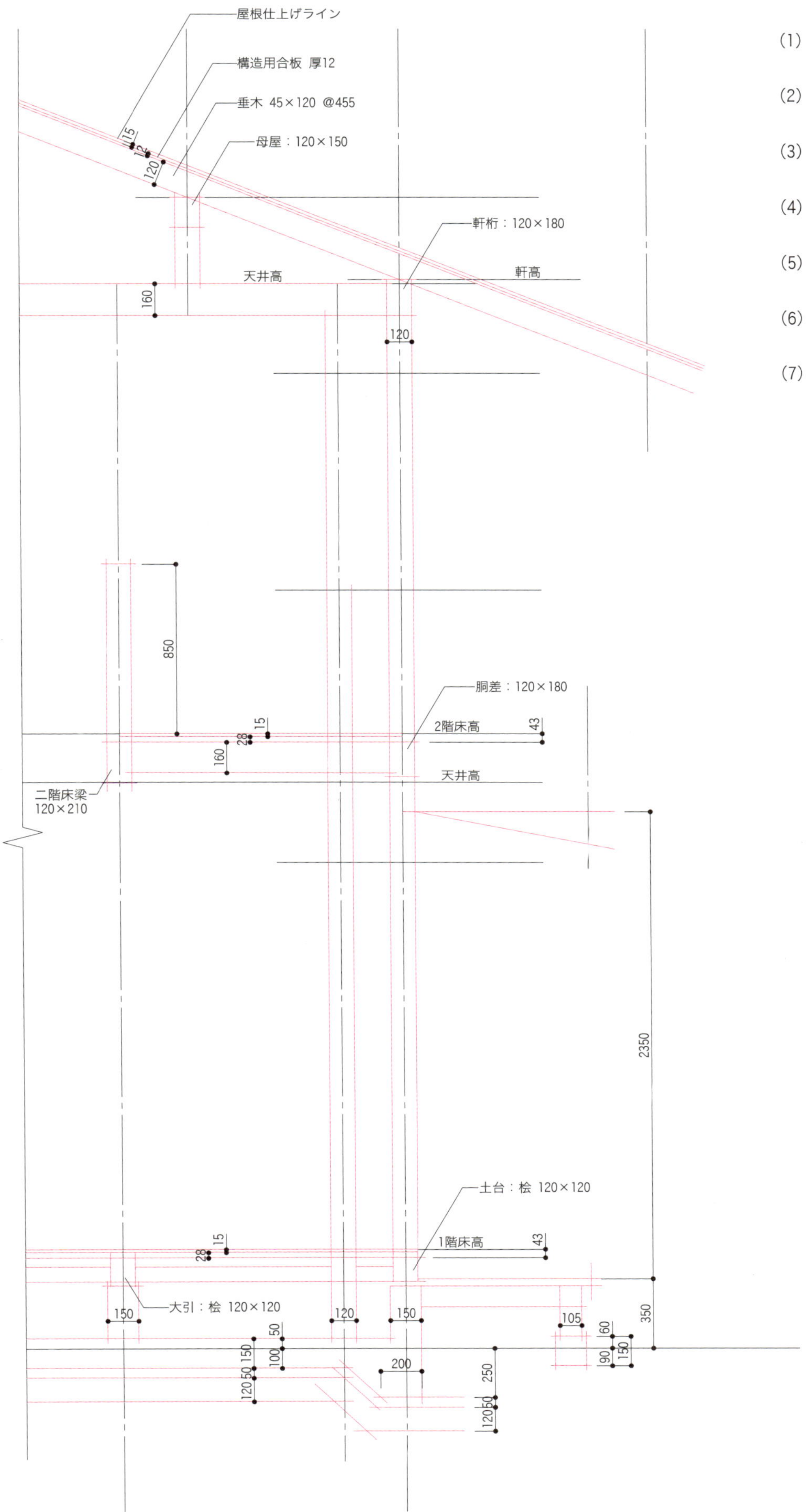

(1) 柱中心線より柱120ミリを両側に振り分けて下書きする。

(2) 軒桁は、軒高の位置より寸法をとる。

(3) 胴差は、2階床面より43ミリ下がった位置に下書きする。

(4) 土台は、1階床面より43ミリ下がった位置に下書きする。

(5) 垂木せい・屋根仕上厚をとり、母屋を下書きする。

(6) 大引き・梁など、1・2階の床組を下書きする。

(7) 基礎は、柱中心線を基準にして、下書きする。

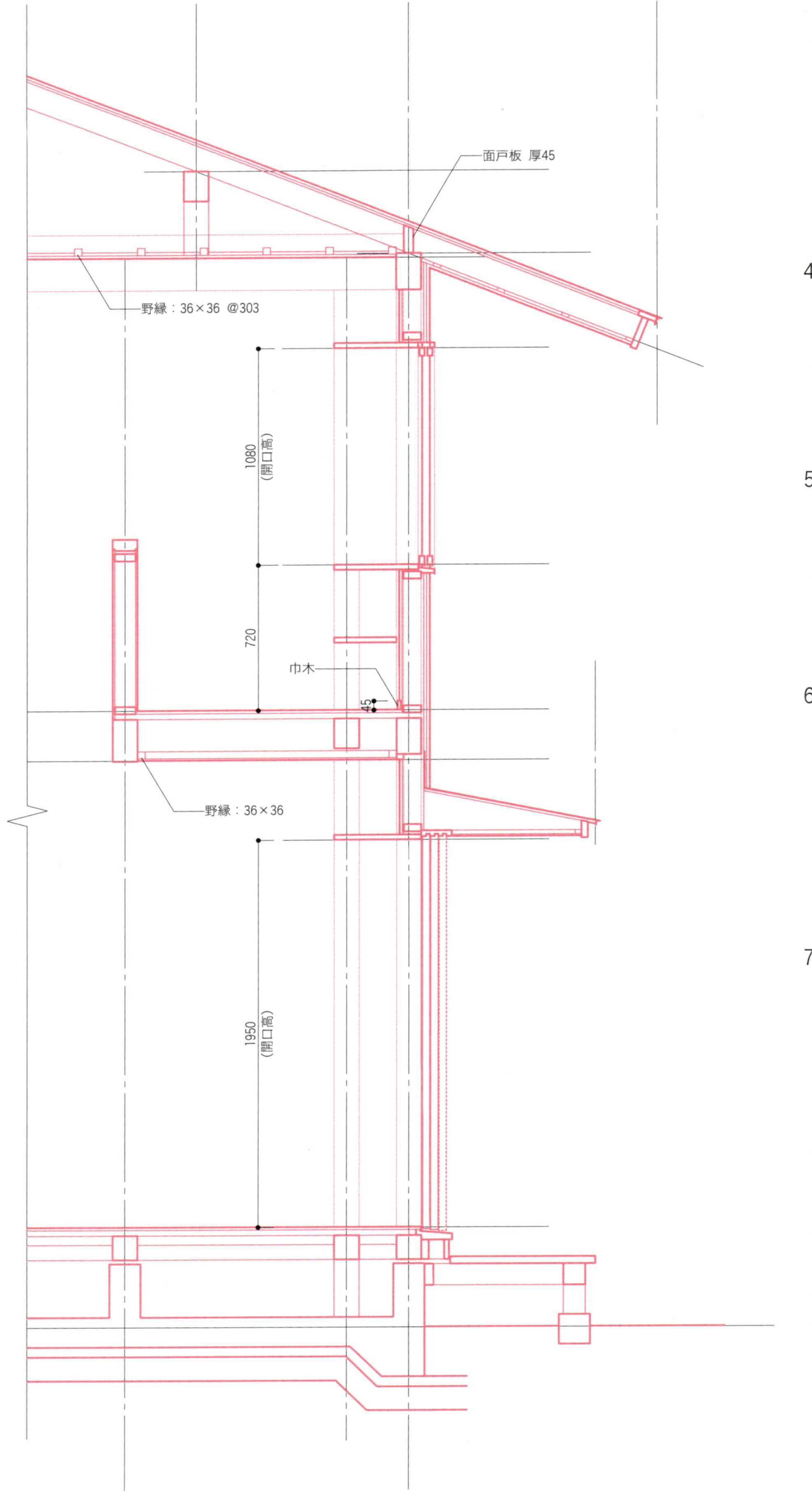

3) 基礎・床組・小屋組・屋根の仕上げ

(1) 桁行・母屋・胴差・土台・基礎などの構造部材、補助構造部材の切断面を仕上げる。
(2) 1・2階の床を仕上げる。
(3) 屋根材料・野地板・鼻板などの屋根まわりを仕上げる。

4) 開口部を描く

(1) 開口部を仕上げる。

5) 庇を描く

(1) 屋根材料・野地板・鼻板などの屋根まわりを仕上げる。

6) 天井を描く

(1) 野縁・天井仕上げ材を描き、2階の天井組を仕上げる。
(2) 2階の天井断熱材を下書きする。
(3) 1階の天井組を仕上げる。

7) 内外壁を描く

(1) 外壁の下地厚・仕上厚を下書きする。
(2) 2階の内壁の下地厚・仕上厚・巾木を下書きする。
(3) 1階の内壁の下地厚・仕上厚を下書きする。
(4) 外壁を仕上げる。
(5) 軒天井を仕上げる。
(6) 内壁を仕上げる。
(7) 2階の天井を仕上げる。
(8) 1階の天井を仕上げる。
(9) 基礎を仕上げる。

8）寸法・名称などの記入

（1）破断線を仕上げる。
（2）雨樋を描く。
（3）断熱材を描く。
（4）寸法線を引き、寸法を記入する。
（5）室名・各部の名称・図面名・縮尺を記入し、完成させる。

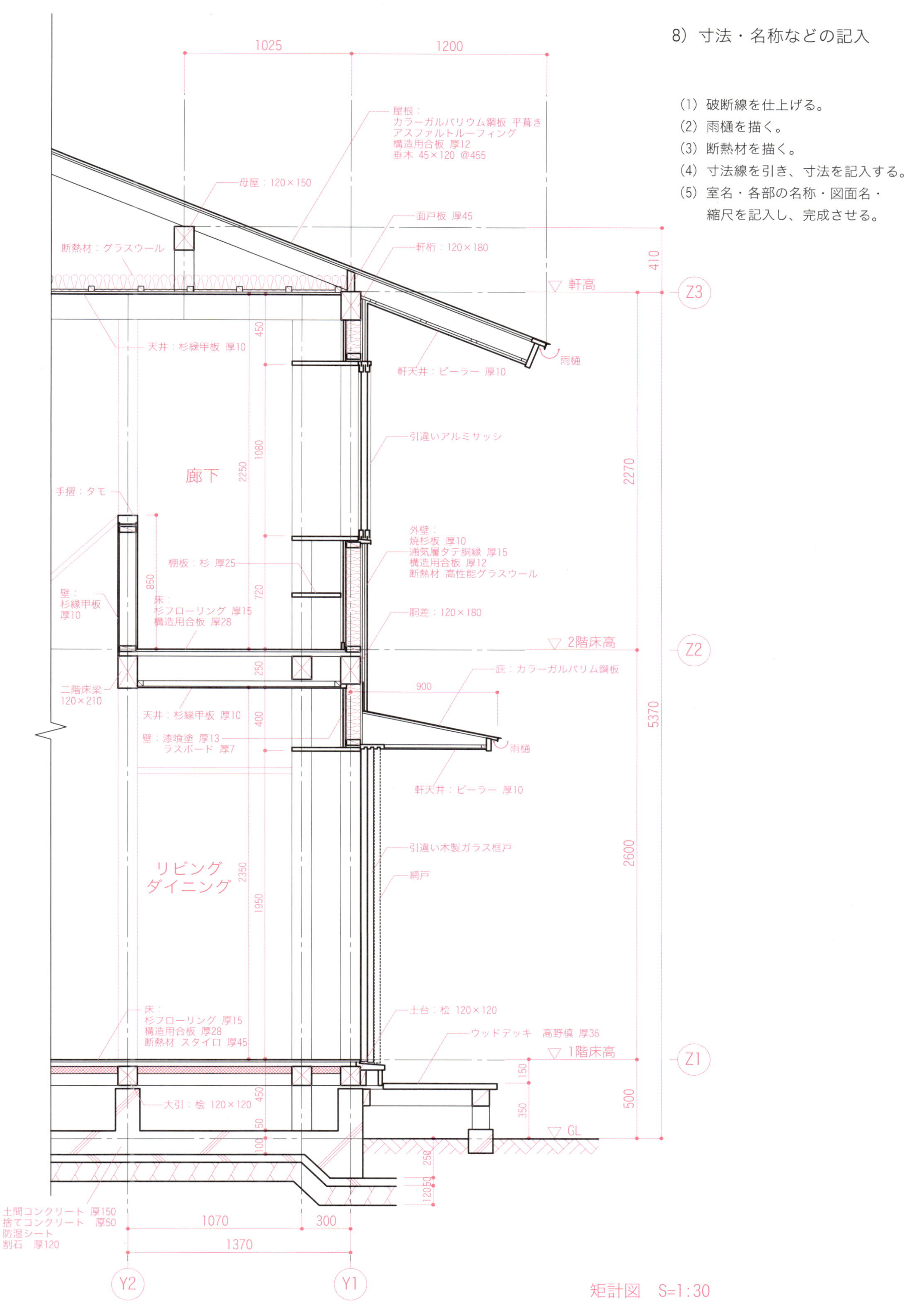

矩計図 S=1:30

COLUMN ◉レイアウトに注意しよう

図面を描く際は、用紙に対して各図が適切にレイアウトされるように注意しましょう。以下にレイアウトを行う際の「コツ」をまとめてみましたので、基本事項として念頭におくと良いでしょう。また、以下の「コツ」が、そのまま適応できないこともあるでしょう。こうした場合には、ここで述べる基本事項を踏まえながら、図面のわかりやすさを考えて臨機に対応することも必要です。重要なことは、シンプルでわかりやすく、そして、美しくレイアウトされていることです。

図と写真の関係をよく考えるのじゃ

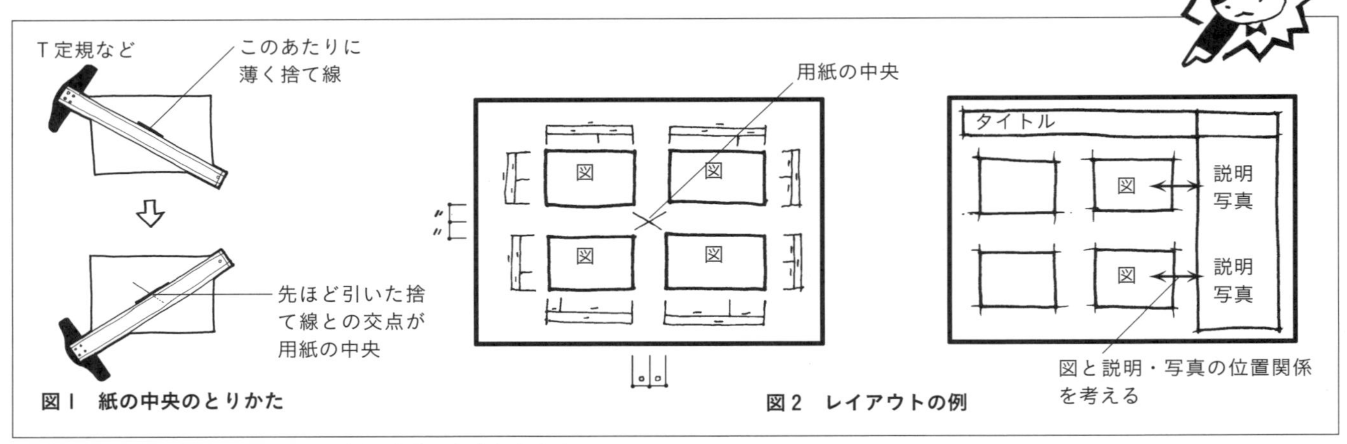

図1　紙の中央のとりかた　　**図2　レイアウトの例**

● **［コツ・その1］レイアウトは用紙の中央から考えよう！**

図のレイアウトは、これから描こうとする図の大きさを考慮した上で、用紙の中央を起点にバランス良く配置するとよいでしょう。用紙の中央は(図1)のように、T定規などを用紙の対角線上に置いて当たりをつけてやると、簡単に位置をとることができます。

また、写真や文字をレイアウトに含める場合には、図との関連や位置関係を考慮することも大切です（図2)。

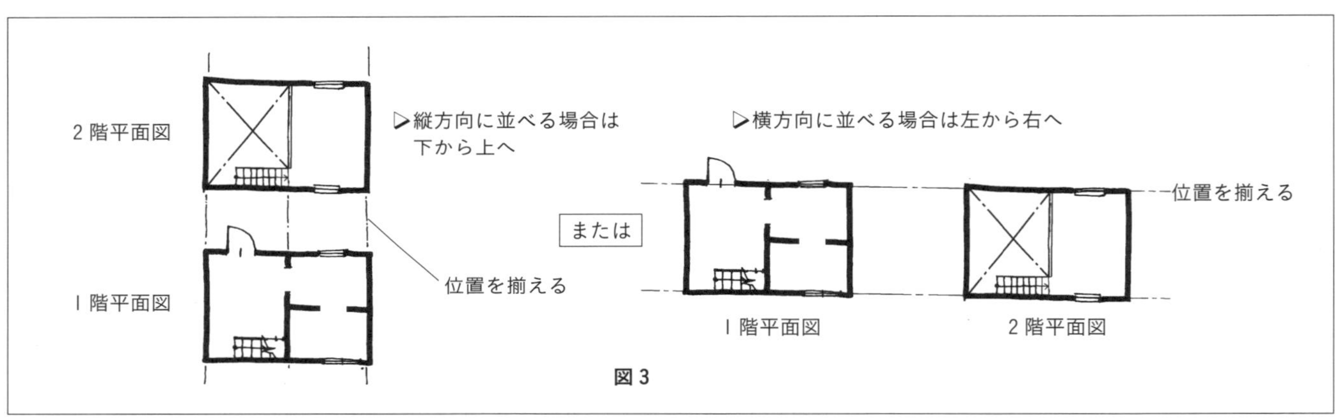

図3

● **［コツ・その2］平面図は階の高さに応じてならべよう！**

1階と2階の平面図を同じ用紙にレイアウトする場合には、1階を下に、2階を上にして、位置を揃えて配置します。3階以上がある場合や地下階がある場合にも、同様に階の高さに応じて配置します。

横方向に並べる場合には、下層階を左側に配置し、上層階を順次右側に向かって位置を揃えて配置します（図3)。

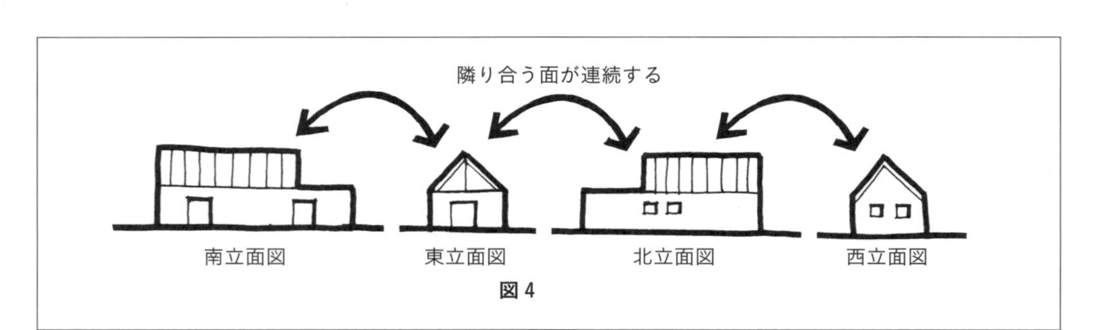

図4

シンプルでわかりやすくレイアウトするのじゃ

● **［コツ・その3］立面図は連続するようにならべよう！**

立面図は（図4）のように、隣り合う面が連続するようにならべましょう。

ＲＣ造図面を描こう……４

２階建ての鉄筋コンクリート（RC）造住宅の配置図・平面図・断面図・立面図・矩計図を掲載しています。製図の手順は第３章と同様なので省略していますが、実際に製図をしてみることで木造とは異なった表現や、設計上の差異を理解しましょう。

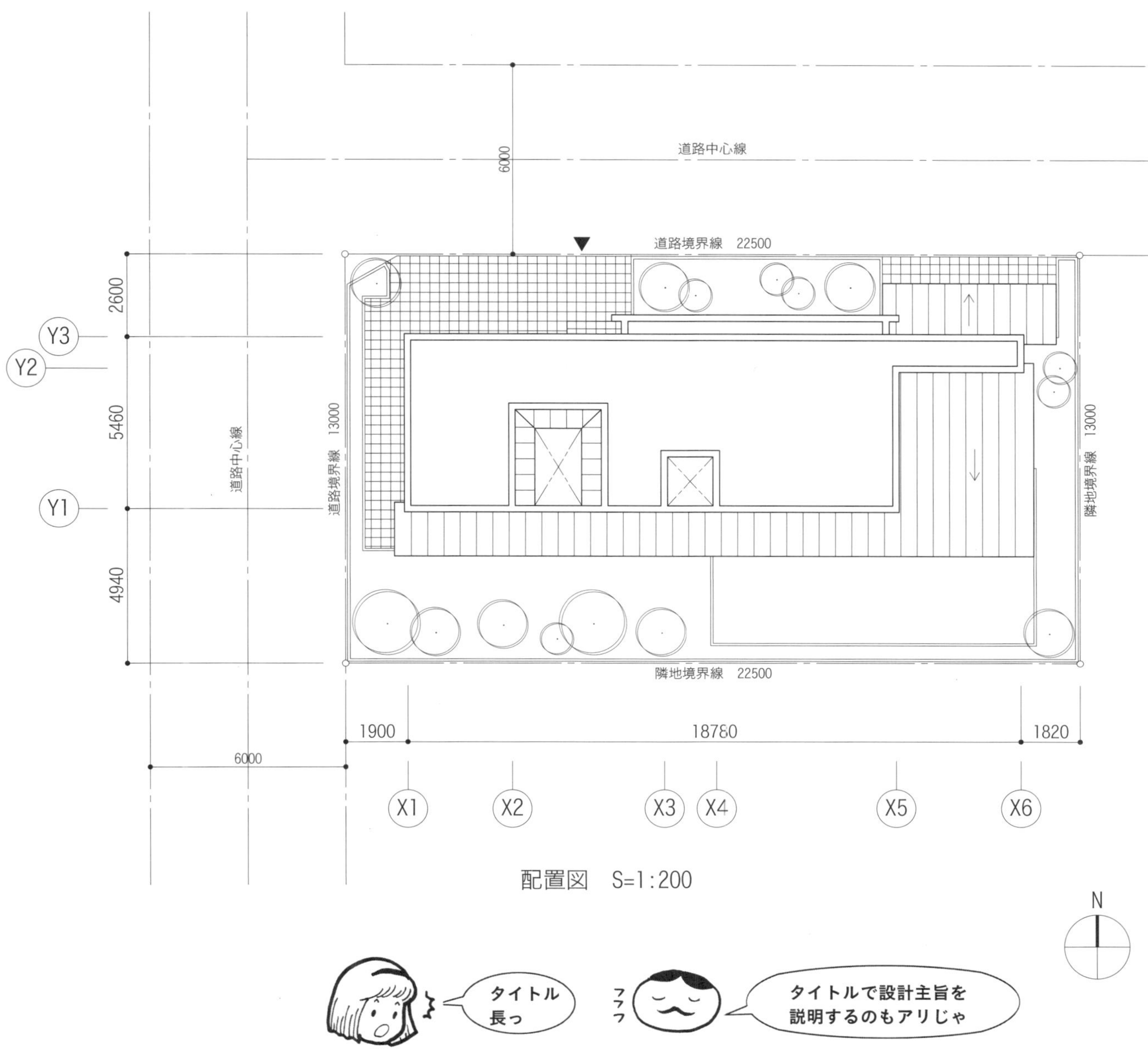

配置図　S=1:200

タイトル：「大きな庇のあるガーデンパーティーが好きな家族の家」

▷ガーデンパーティーが好きな家族（夫婦＋子供２人）のために設計した住宅です。北西の道路側へは必要最小限の開口部を設定しつつ閉じた構成としてプライベート性を確保していますが、南の庭側へは大きく開口部を取り、特にガーデンパーティーが行いやすいように、リビング・ダイニングとウッドデッキのスペースが一体的に使用できるようにしました。ソファーが置かれたリビング部分は周囲より 180 ミリほど床を下げ、空間に変化を持たせています。また、南側の開口部には連続する大きな庇を配して、夏場の直射日光を遮るとともに、強い降雨でなければ窓を開け放つことができ、雨天時にも内外の空間的なつながりを楽しめるようにしました。

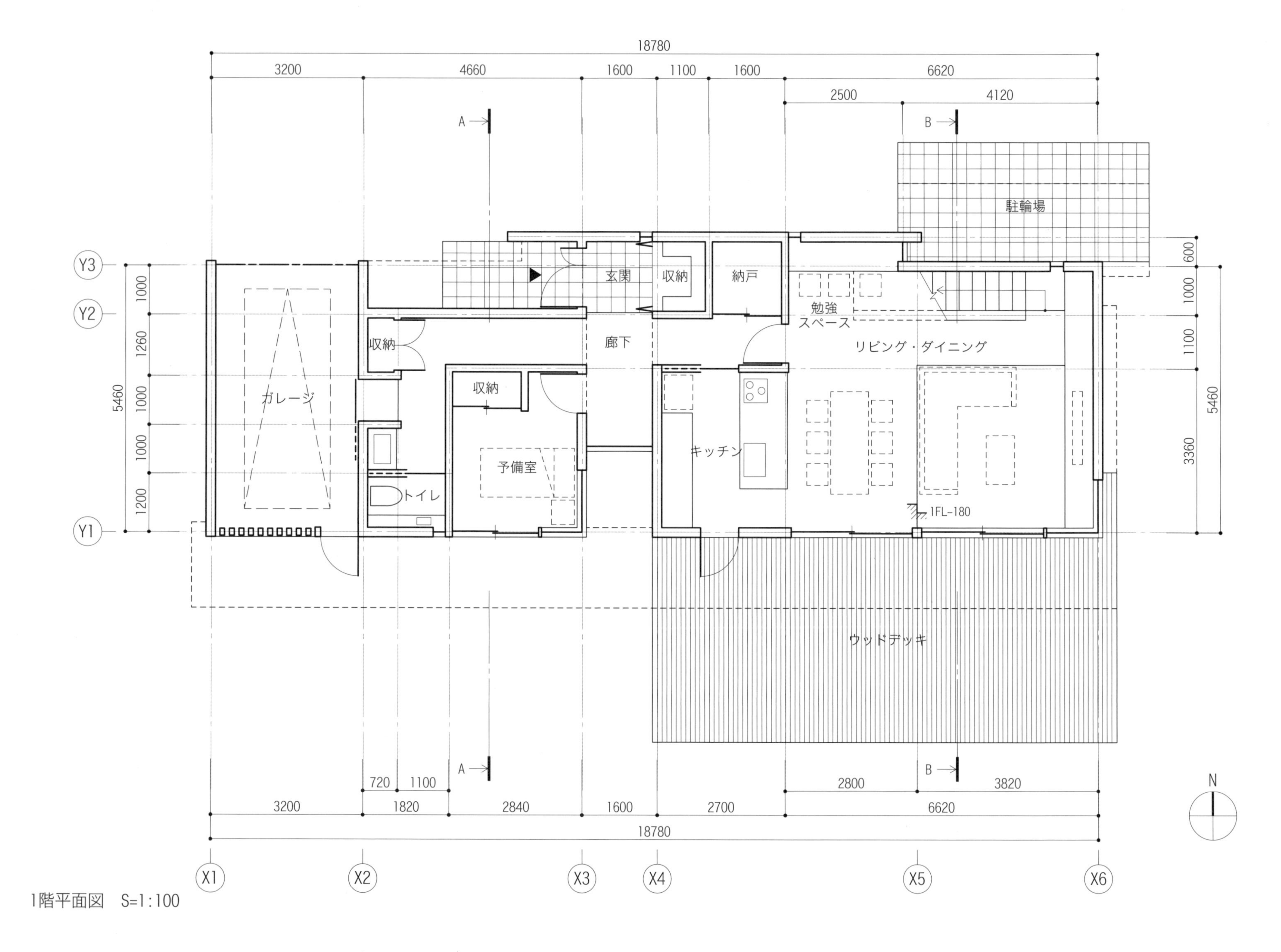
駐輪場
玄関
収納
納戸
勉強
スペース
リビング・ダイニング
廊下
収納
ガレージ
収納
予備室
トイレ
キッチン
1FL-180
ウッドデッキ
N

1階平面図　S=1:100

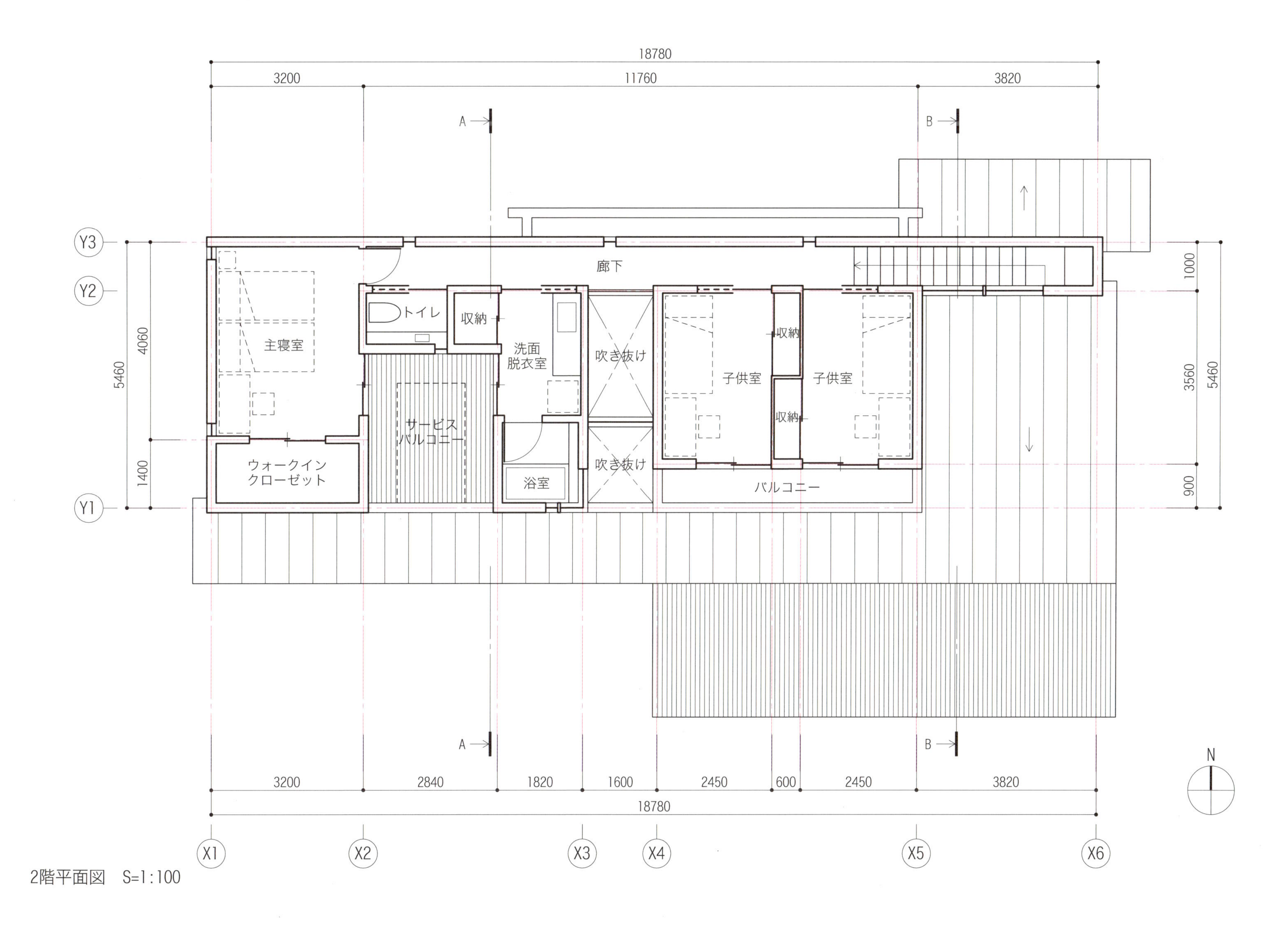
18780
3200
11760
3820
A
B
Y3
Y2
Y1
廊下
主寝室
トイレ
収納
洗面
脱衣室
吹き抜け
子供室
収納
収納
子供室
サービス
バルコニー
ウォークイン
クローゼット
浴室
吹き抜け
バルコニー
5460
4060
1400
1000
3560
900
5460
3200
2840
1820
1600
2450
600
2450
3820
18780
N
X1
X2
X3
X4
X5
X6

2階平面図　S=1:100

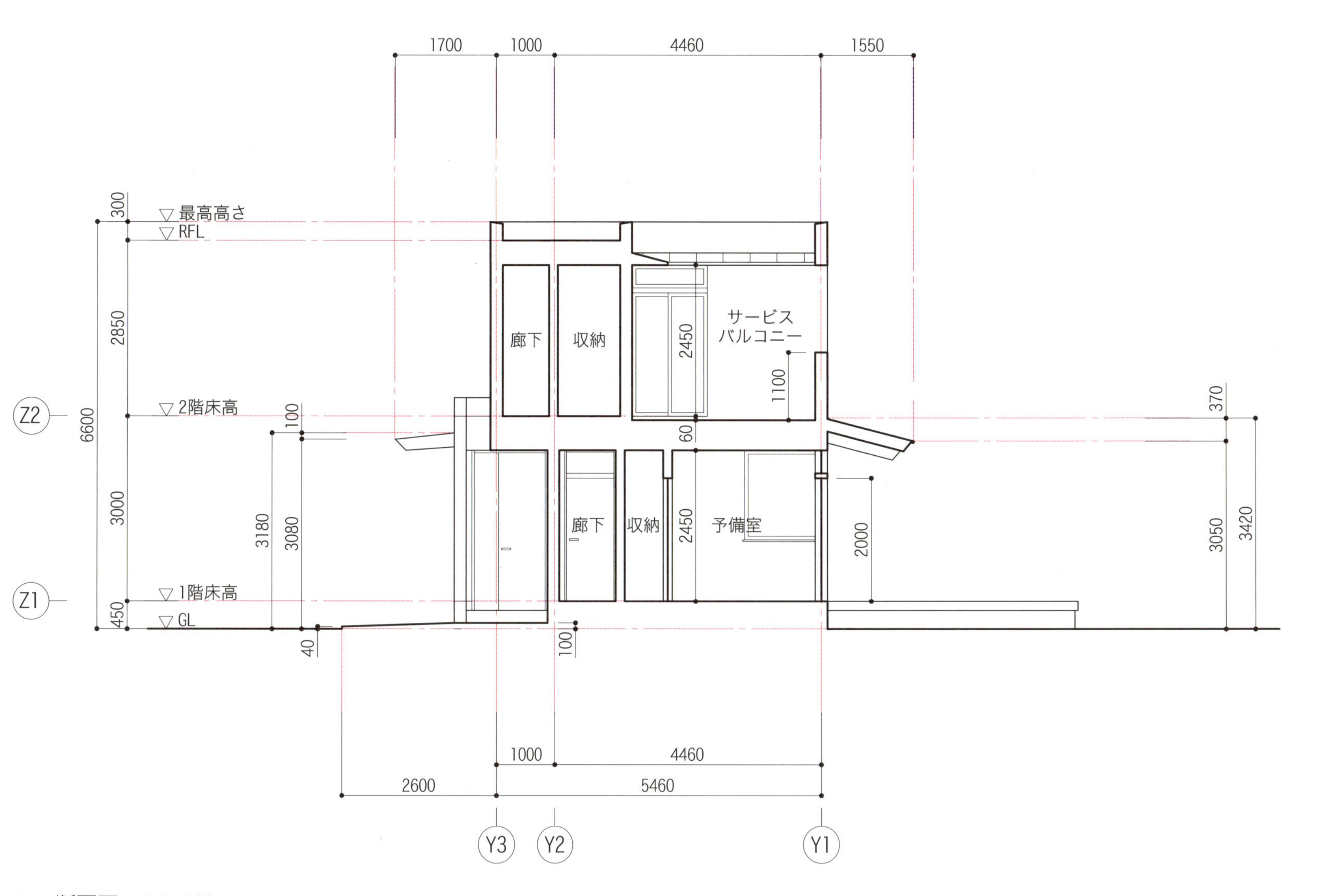

1700
1000
4460
1550
▽最高高さ
▽RFL
▽2階床高
▽1階床高
▽GL
300
2850
3000
450
6600
100
3180
3080
40
100
廊下
収納
2450
サービス
バルコニー
1100
60
廊下
収納
2450
予備室
2000
370
3050
3420
1000
4460
2600
5460
Z2
Z1
Y3
Y2
Y1

A-A 断面図　S=1:100

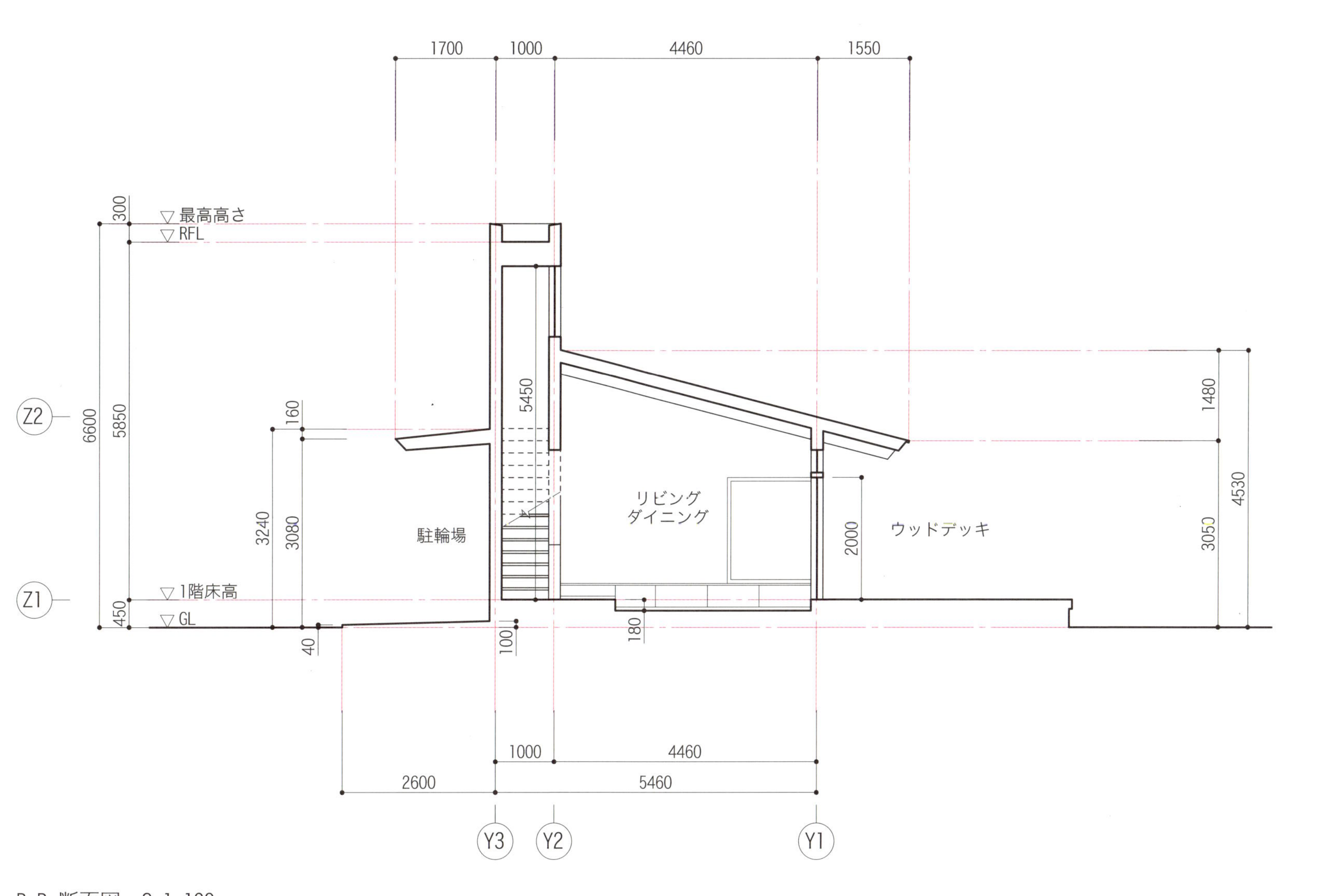
1700
1000
4460
1550
300
▽最高高さ
▽RFL
6600
5850
5450
160
3240
3080
駐輪場
リビング
ダイニング
ウッドデッキ
2000
1480
3050
4530
▽1階床高
▽GL
450
40
100
180
1000
4460
2600
5460
Z2
Z1
Y3
Y2
Y1

B-B 断面図　S=1:100

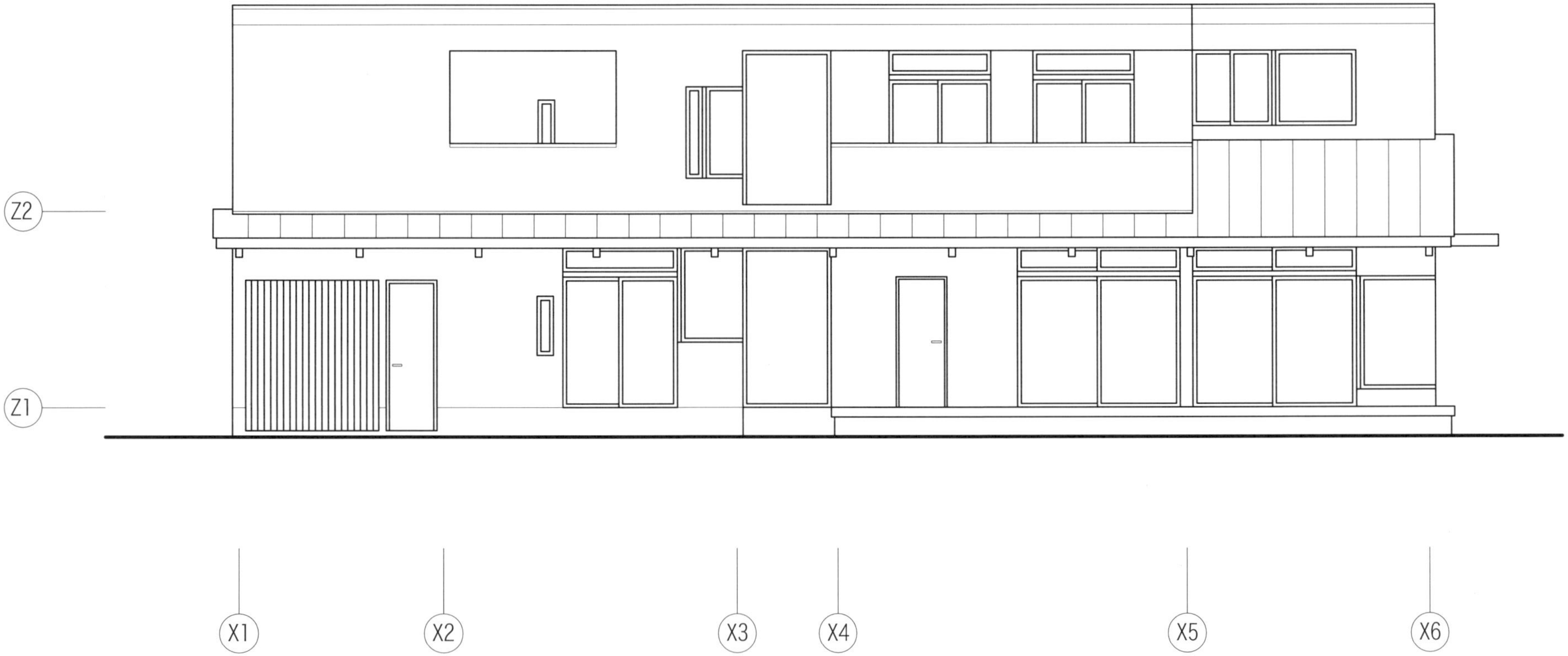

Z2

Z1

X1

X2

X3

X4

X5

X6

南側立面図　S=1:100

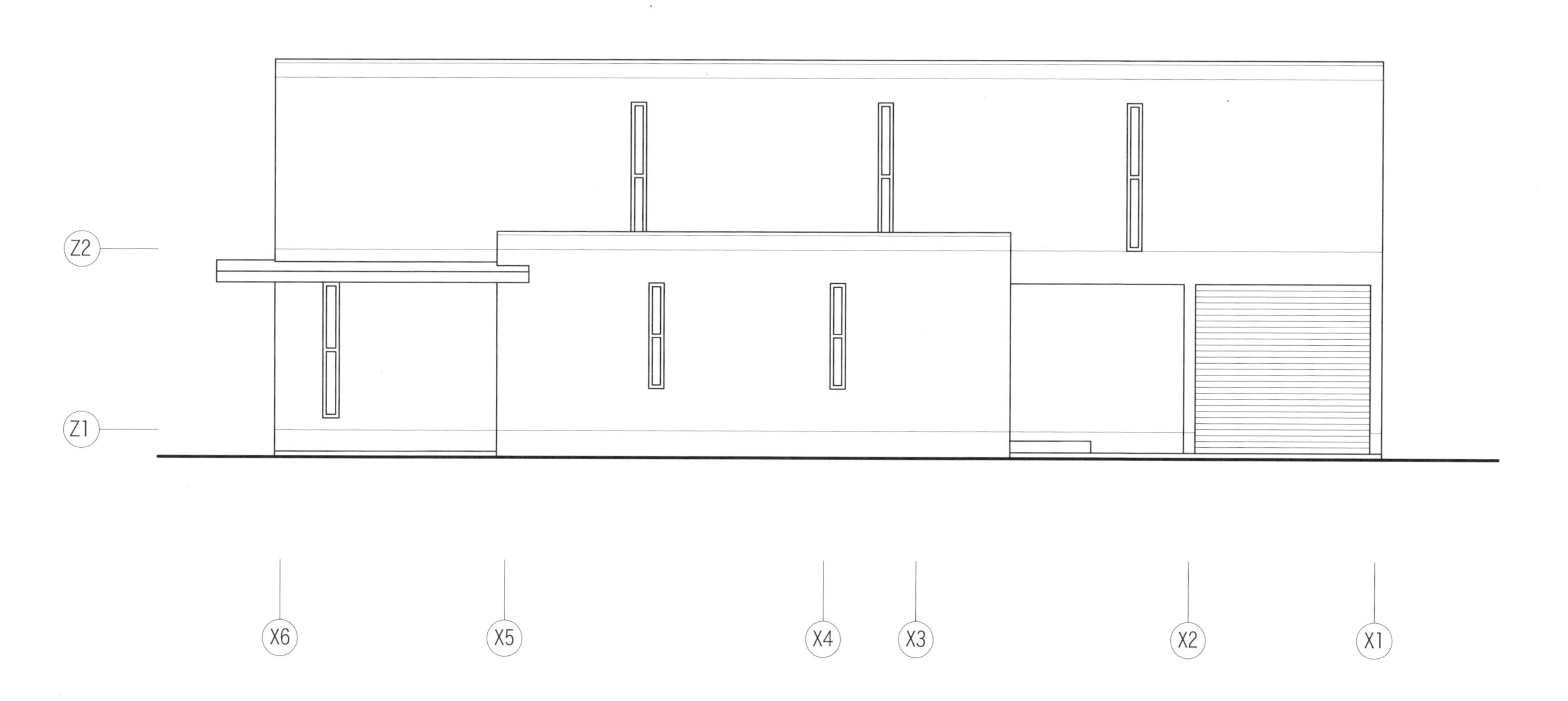

北側立面図　S=1:100

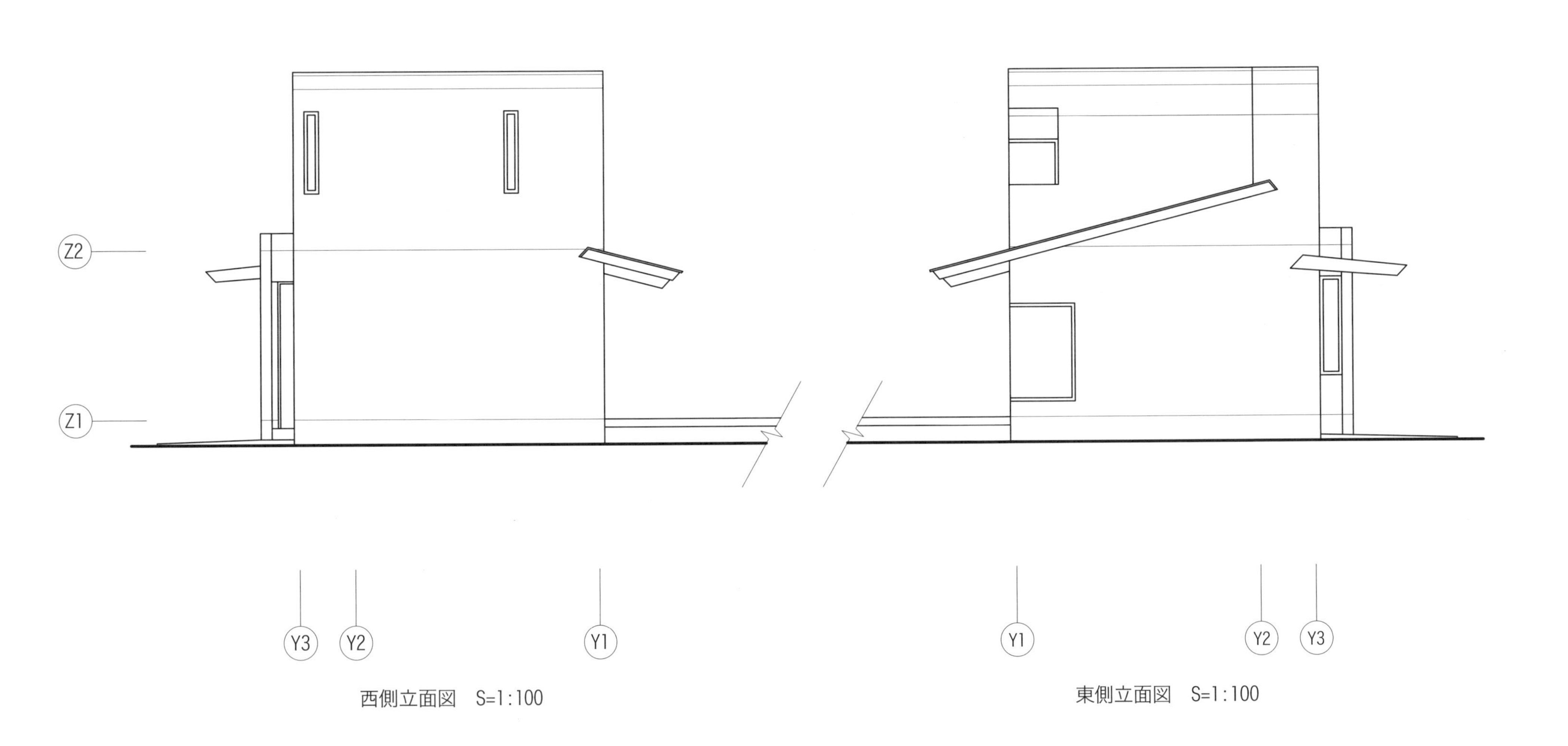

西側立面図　S=1:100

東側立面図　S=1:100

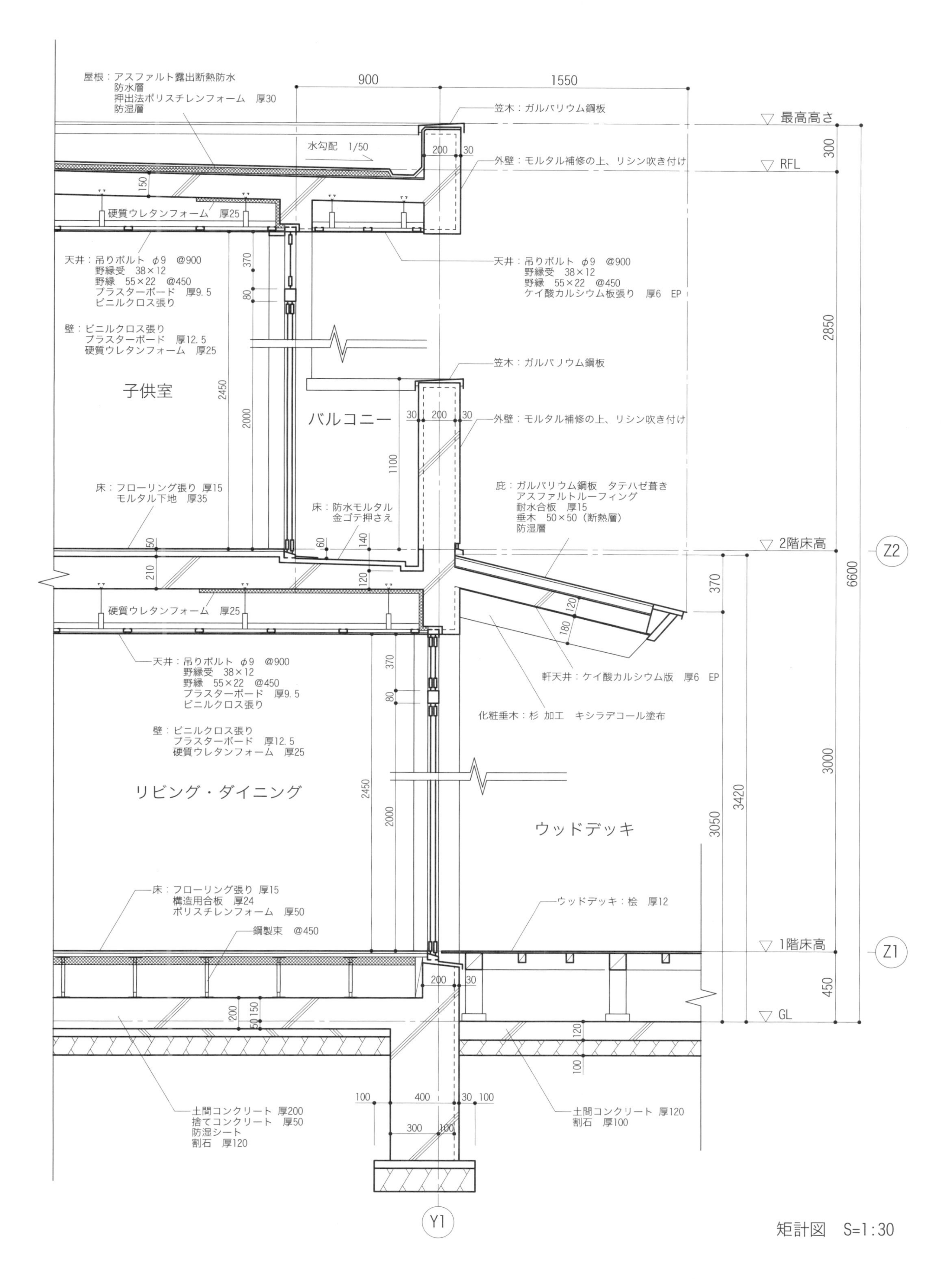

屋根：アスファルト露出断熱防水
防水層
押出法ポリスチレンフォーム　厚30
防湿層
900
1550
笠木：ガルバリウム鋼板
最高高さ
水勾配　1/50
200
30
300
外壁：モルタル補修の上、リシン吹き付け
RFL
150
硬質ウレタンフォーム　厚25
天井：吊りボルト　φ9　@900
野縁受　38×12
野縁　55×22　@450
プラスターボード　厚9.5
ビニルクロス張り
370
80
天井：吊りボルト　φ9　@900
野縁受　38×12
野縁　55×22　@450
ケイ酸カルシウム板張り　厚6　EP
壁：ビニルクロス張り
プラスターボード　厚12.5
硬質ウレタンフォーム　厚25
2850
笠木：ガルバリウム鋼板
子供室
2450
2000
バルコニー
30
200
30
外壁：モルタル補修の上、リシン吹き付け
1100
庇：ガルバリウム鋼板　タテハゼ葺き
アスファルトルーフィング
耐水合板　厚15
垂木　50×50（断熱層）
防湿層
床：フローリング張り　厚15
モルタル下地　厚35
床：防水モルタル
金ゴテ押さえ
50
60
140
2階床高
Z2
210
120
370
6600
硬質ウレタンフォーム　厚25
120
180
天井：吊りボルト　φ9　@900
野縁受　38×12
野縁　55×22　@450
プラスターボード　厚9.5
ビニルクロス張り
370
80
軒天井：ケイ酸カルシウム版　厚6　EP
化粧垂木：杉 加工　キシラデコール塗布
壁：ビニルクロス張り
プラスターボード　厚12.5
硬質ウレタンフォーム　厚25
3000
リビング・ダイニング
2450
2000
3420
3050
ウッドデッキ
床：フローリング張り　厚15
構造用合板　厚24
ポリスチレンフォーム　厚50
ウッドデッキ：桧　厚12
鋼製束　@450
1階床高
Z1
200
30
450
200
150
50
GL
120
100
土間コンクリート　厚200
捨てコンクリート　厚50
防湿シート
割石　厚120
100
400
30
100
300
100
土間コンクリート　厚120
割石　厚100
Y1

矩計図　S=1:30

COLUMN ◉プレゼンテーションは「プレゼント」

誕生日や記念日のプレゼントは、祝福や感謝の気持ちを相手に伝えるためにする行為です。どれだけ心で思っていても、何らかの形（言葉や行為や物）で表現されない気持ちは、決して相手に伝わりません。建築の設計もまた同様です。どれだけ魅力的な設計をしても、その魅力が他者に伝わらなければ自己満足で終わってしまいます。プレゼンテーションとは建築の魅力を伝えるために、設計者が贈るプレゼントなのです。具体的なテクニックは専門書やプロの図面から学ぶことができます。しかし、テクニックの巧拙以前の大事なポイントが３つあります。

①明快な意図（なんのためのプレゼントか）

図面には「設計の意図を伝える」という目的があります。例えば、平面図では内外の繋がりを、断面図では吹き抜けの魅力を、立面図では町並みへの配慮を、というように、まずは伝えたい意図（メッセージ）を明快にしましょう。プレゼントの目的（お祝いなのか恋の告白なのか）を決めなければ、何をプレゼントするべきかを考えることもできません。

②適切な表現（どんなプレゼントをするのか）

プレゼンテーションの表現手法は「伝えたいメッセージが相手に伝わるかどうか」で決まります。庭の工夫をアピールするなら庭だけを着色し目立たせる、町並みへの配慮を伝えるならば周囲の建物も詳細に描き込む等、意図にあった適切な表現を、見る側の立場に立って考えましょう。結婚のお祝いに赤いチャンチャンコのプレゼントは相応しくないのです。

③丁寧な作業（プレゼントの渡し方）

誤字脱字・汚い字や線・不正確な図面・雑なレイアウト…は、設計の内容以上に、あなたの不誠意と不熱心・他者への無関心や洞察力の無さを雄弁に語ります。ぐちゃぐちゃの箱や雑な包装のプレゼントでは、大切な気持ちも伝わりません。

プレゼンテーション＝プレゼントの核心は「相手の立場で考えつつ、こちらの気持ちを伝える」ことです。そもそも建築設計とは基本的に他人が使うために行うものであり、つまり建築設計という行為そのものが本質的に他者へのプレゼントなのです。見る人の立場を考えた図面のプレゼンテーションをできない人が、使う人の立場を考えた建築をプレゼントすることができるでしょうか。もちろん誠心誠意のプレゼントだからといって、必ずしもそれが受け容れられるとは限らないのですが…。

COLUMN ◉締切前の三原則

慌ただしい図面提出間際にしばしば発生し、パニックを引き起こす３つの出来事です。建築学生や設計の実務者で、これらの事態に一度も遭遇したことのない人はほとんどいないでしょう。これらを完全に防ぐことはできませんが、対策をあらかじめ考え、被害を最小限にとどめることは可能です。

✸データは消える

何日もかけて描いたCADの図面が一瞬で消えてしまう、デジタルデータの宿命的悲劇です。原因はいろいろですが、対策は唯一、まめに（できれば毎日）バックアップをとること。

✸プリンタは壊れる

作業中の段階でテスト印刷を行うことで、ほとんどのトラブルは未然に防ぐことができます。それでも壊れた場合に備えて、プリンタを借りられる友人や最寄りの有料印刷サービスの見当をつけておくとよいでしょう。

✸模型材料は品切れ

大学の設計課題の締切前には模型材料の購入が集中するため品切れが起こりやすく、一度品切れが起こると再入荷には数日を要します。材料は早めに購入しておきましょう。

CAD製図のコツと注意点……5

初学者がコンピューターを使ったCAD製図に取り組む際の、注意点やコツを解説しています。手描きの図面をひと通り描けるようになった人でも、いざCADとなると慣れない操作や便利な機能に気をとられ、これまでに学んだ製図の基本を忘れてしまいがちです。

■CADの使い始めは製図の基本を忘れがち

現代では製図といえばCAD（Computer Aided Design）ソフトを用いることが一般的となりました。CADによる製図も、作図や表現の作法は手描き製図と同じです。しかしながらCADの使い始めには、慣れない操作や便利な機能に気をとられ、これまでに学んだ製図の基本を忘れがちなものです。ここではその対策として、CADを使った製図の基本的な考え方や表現上の注意点について解説していきます（各ソフトの具体的な操作方法については専門書を参照してください）。

図1

■代表的なCADソフトの種類

日本の建築業界でよく用いられているCADソフトの特徴を、表1にまとめました。ソフトによって得意な分野や機能・動作環境に差があり、データ形式や操作方法も若干異なるため、後から他のソフトに切り替えるのはなかなか大変です。製図を中心に使うのかプレゼンテーションやモデリングまで使うのか等、目的に応じて慎重に選びましょう。身近に同じソフトを使っている人がいるかどうかも大事なポイントです。

表1　代表的なCADソフトとその特徴

CADソフト	操作	機能	表現	コスト	シェア
① Jw_cad	○	△	△	◎	◎
② Vectorworks	◎	○	◎	△(○)	○
③ AutoCAD	△	◎	○	△(◎)	◎
④ ArchiCAD	△	◎	○	△(◎)	△

操　作……初心者向けのとっつきやすさと直感的な使いやすさ
機　能……３次元や他ソフトとの連携などの高度な製図機能
表　現……彩色や写真貼付け・レイアウトなどのプレゼンテーション力
コスト……ソフトの導入にかかる費用。◎は無料。括弧内は学生版について
シェア……日本の建築業界でのユーザー数の多さ

① Jw_cad（www.jwcad.net） ※Windowsのみ
軽快な動作に定評がある無料CADソフト。表現力はやや劣るが、基本的な機能を備え、多くの設計事務所や工務店で採用されている。
② Vectorworks（A&A）
本格的な作図機能とプレゼンまでこなす表現力、分かりやすい操作感が売り。学生やアトリエ系設計事務所に人気。
③ AutoCAD（AUTODESK） ※日本語版はWindowsのみ
世界的なシェアをほこる高機能な汎用CAD。日本では組織設計事務所やゼネコンを中心に使用されている。廉価版の「AutoCAD LT」もある。
④ ArchiCAD（Graphisoft）
ソフト上で３次元の建築を作成し、そこから平面図や断面図を自動的に生成するというBIMのコンセプトに基づく。

■レイヤとグループ

各ソフトが備えた様々な描画機能を使えば複雑な幾何学図形や曲線も簡単に描くことができますが、そういった詳細は専門書に譲るとして、ここではCAD初学者が是非とも理解しておきたい、〈レイヤ〉と〈グループ〉という概念を紹介します。レイヤとグループを活用しないと、CADを使う意味が半減するといっても過言ではありません。

●〈レイヤ〉を使い分ける

レイヤ（画層）とは、何枚も重ねることのできる透明フィルムのようなもので、意味や役割が違う図形をレイヤ毎に整理しながら描き分けて使います（図2）。例えば平面図の場合、表2のようにレイヤを整理して描き分けておくと、レイヤ単位で編集や表示を切り替えることで、効率良く作図や修正ができま

人それぞれじゃが、
ワシはこんな感じに
思っておる

す。また、壁や柱のレイヤだけを表示（印刷）して空間の骨格を把握したり、異なったデザインの立面を別のレイヤに描き表示を切り替えて比較するなど、設計を検討する段階で活用することもできます。

●複雑な図形は〈グループ〉にする

いろいろな書類をバラバラにしておくのではなく、関係のある内容ごとにまとめてファイルし整理するように、グループ機能を使うと、複数の図形をまとめて一つの図形として扱うことができます(図３)。例えば椅子は複数の直線や曲線を組合せて描きますが、これらをグループ化することで一つの図形のように簡単に移動したり複製できるようになります。また、周囲の図形の修正時に誤って変更してしまうことを防ぐ効果もあります。階段やタイルの目地・家具・窓など多くの図形を使って描く要素は、描くたびにこまめにグループ化していくことで、効率的に作図をすすめることができます。

■ CAD製図の表現上の注意

●描き込みの密度

複雑な図面であっても画面上で拡大表示して作図できるのはCADの長所ですが、いざ印刷してみると描き込みが細かすぎ、図がつぶれてしまうことがよくあります（図4)。図面の表現には縮尺に応じた適切な密度があるので（☞ p.13)、必要以上に描き込むと、非効率なだけでなく分かりにくい図面になってしまいます。CADでの作図時には常に印刷時のスケールに適した表現をするよう心がけましょう。

●線の太さの使い分け

ソフトによってはモニタ上で線種や線の太さが分かりにくいこともあり、線の太さの使い分けがルーズになりがちです（図5)。CADであっても使い分けるべき線の種類は手描きと同じ

表2　線の太さとレイヤ分けの例

レイヤ	内　容	線の太さ
基準線	通り芯、敷地境界線、中心線など	細
寸法・文字・記号	文字書き込み、寸法線 室名や吹き抜け、扉の開き記号など 移動家具、植栽など	細
断面	柱や壁などの断面線	極太
見えがかり	階段、段差、腰壁、造作家具など	太
テクスチャ	フローリングやタイルの目地 床の表情など	細

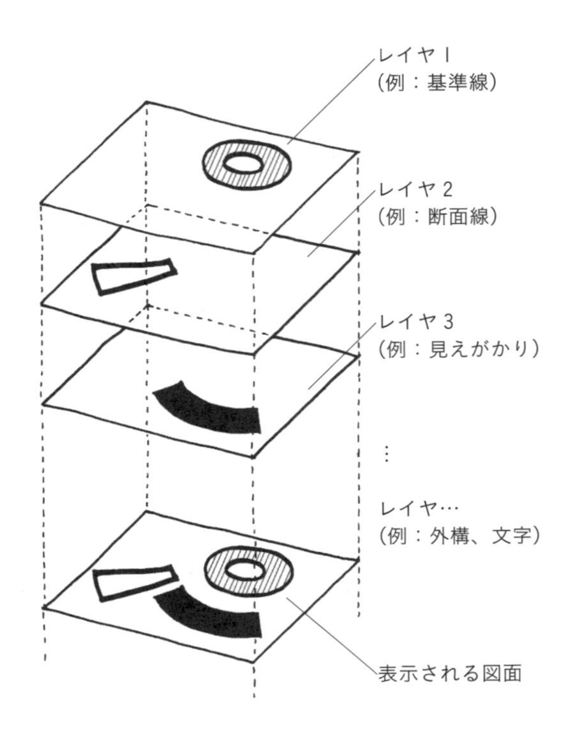

▷レイヤの表示／非表示を切り替えたり、特定のレイヤだけをいじることもできる

図2 〈レイヤ〉のしくみ

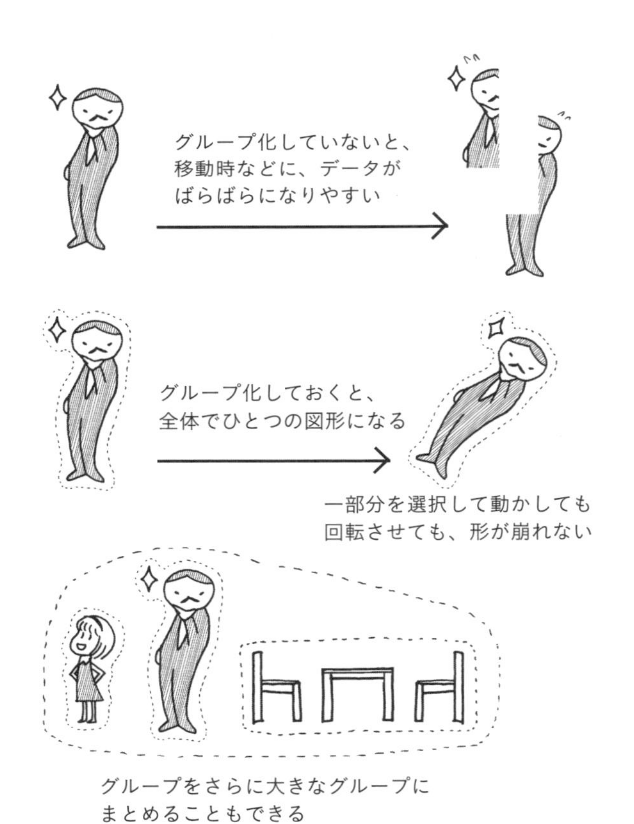

図3 〈グループ〉のイメージ

です（☞ p.14）。前述したレイヤの使い分けは、たいていの場合線の太さの使い分けと対応するので、レイヤ毎に線の太さを決めておくことが決定的に重要です（表 2）。

●文字の大きさ

A4 サイズの書類を読む時と A1 の図面を見る時では、当然目から紙面までの距離は異なりますが、モニタに向かって作業をしているとそのことを忘れがちです。講評会のように A1 程度の紙で壁に貼りだすのであれば、使用する文字サイズは最小でも 12p 以上、解説文などは 20pt 以上としましょう（図 6）。

●寸法線

CAD ではツールを使って簡単に寸法線を書き込むことができ便利ですが、寸法線のマーカーの大きさや形が、初期設定では海外や機械製図用の仕様になっていることがあります。寸法線も図面表現、望ましい寸法線表現となるよう設定しましょう（☞ p.13）。

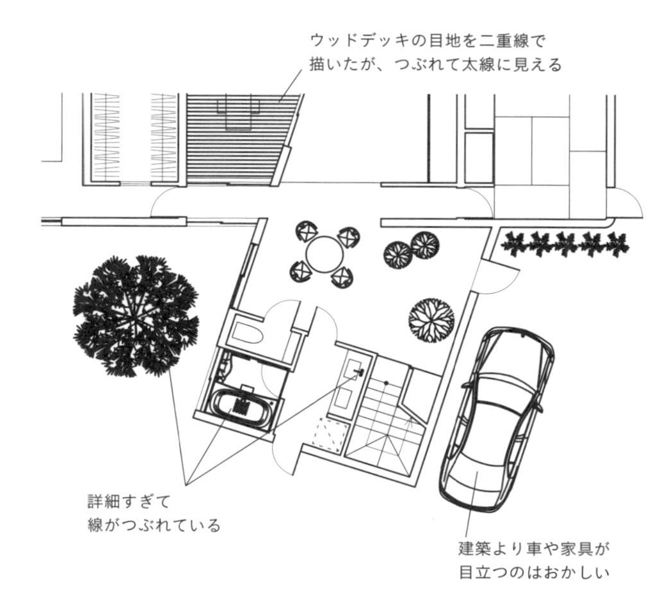

▷植栽や家具、浴室などを密度高く描き込んでいるが、印刷すると塗りつぶされている。縮尺に対して必要以上に描き込んでしまった例。それに対して壁やトイレはあっさりと表現されているので、図面としてのバランスも悪い

図 4　線の密度のバランスが悪い例

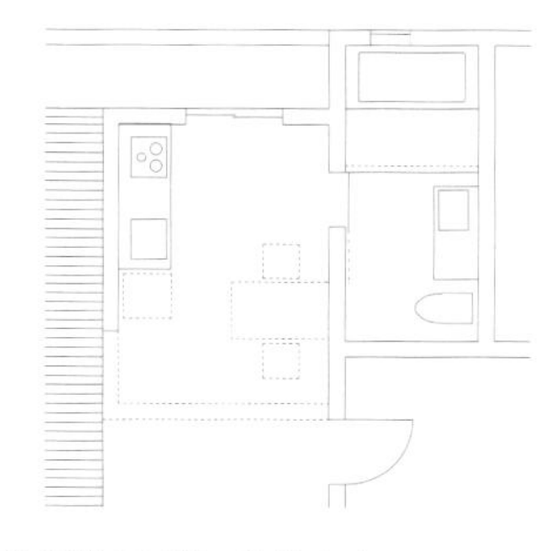

▷線幅の使い分けなし
CAD で作ってしまいがちな図面の例。一見すっきりして見えるが、メリハリがなく空間を読み取りづらい。壁と腰壁の区別なども分かりにくくなる

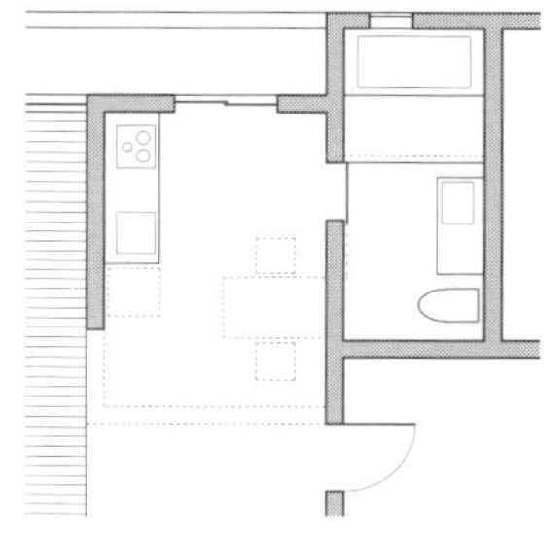

▷線幅の使い分けあり
壁や柱などの断面線を太く描くことで、空間の輪郭が浮かび上がってくる（断面を着色するとさらにその効果は大きくなる）

図 5　線の太さの使い分け

●レイアウトの前倒しのすすめ

各図やタイトル・解説文・写真などを配置する、いわゆるレイアウト作業には、これから完成させる図面の全体像を把握し、適切な文字の大きさや図の密度を確認するとともに、伝えたい内容を分かりやすく整理する、という重要な意味があります。手描きの製図では、作図の前に必ずレイアウトを行います（☞ p.56）。

しかし CAD 製図の場合、レイアウトを行わなくても製図に着手できるため、レイアウトは締切間際のやっつけ仕事となり、全体的にバランスの悪い図面になってしまうことがよくあります。平面図や立面図など各図の輪郭ができた段階で、必ず最終的に印刷するサイズの紙を使ってレイアウトを行いましょう。完成度がぐっと高まります。

▷手に持って見るのと、壁に貼って見るのとでは見やすい文字の大きさは違う

図 6

■ CAD を活用したプレゼンテーション

せっかく CAD を使うのだから、製図作業だけではなく、図面を仕上げていく段階でもなるべく CAD を活用しましょう。CAD に触れる機会を増やすことが、CAD に慣れる近道です。

●色を使う

CAD では手描きよりも容易に図面に着色をすることができ、後から色を変更することも簡単です。わかりやすい図面になるのであれば、積極的に色を活用したいところですが、あまりカラフルだとかえってわかりにくくなります。色を使う際のコツとしては、①強調したいポイント（例えば植栽や特徴的な部屋など）に絞る、②色数は 3 色まで、③淡い色合いを使う、などがあります（図 7）。モニタ上の色と印刷される色にはかなり差があるので、必ず事前に印刷して確認しましょう。

●ダイアグラムや文章も描けるし、写真も貼り込める

簡単な記号やダイアグラムを描いたり解説文を書いたりはもちろん、たいていの CAD ソフトでは写真を貼り付けることもできるので、プレゼンシート全体をレイアウトする道具としても活用できます。ソフトによっては画像を貼ったり文字入力が苦手なものがありますので、そのような場合は他のソフトをうまく活用しましょう（☞次項参照）。

■他ソフトや手作業との連携

CAD にも得手不得手があります。他のソフトや手作業も活用して、適材適所で使い分けましょう（図 8）。建築分野でよく使われる関連ソフトには以下のようなものがあります。

○イラストレーター（Adobe Illustrator）

図面に着彩したり画像を貼るために使います。精確な描画には適さないので、製図は細かいところまで CAD で完成させておくことが大事です。

○フォトショップ（Adobe Photoshop）

模型写真や 3D モデルに表情をつけたり人物・背景を加える場合に用います。線がぼやけるため図面の加工には適しません。

○インデザイン（Adobe InDesign）

複数の画像や文章、図面等を統合してレイアウトするためのソフト。データが軽く作業効率が良い点がポイントです。図面は PDF 形式で読込むとトラブルが少なくなります。

○スケッチアップ・メイク（SketchUp Make）

直感的な 3D モデリングができる無料ソフト。DXF データの

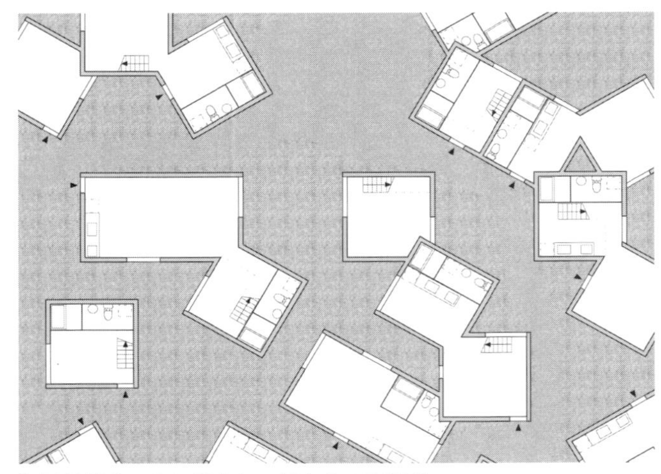

▷屋外部分のみに着色し、屋内外の空間が入り組んでいる様子を強調している

図 7　ＣＡＤ図面での彩色の例

●印刷はマメに！

本章であげた表現上の不具合のほとんどは、モニタ上で見る図面と印刷された紙で見る図面は見え方が違う、ということが原因であるため、図面をマメに印刷してチェックすることで防ぐことができます。

その時重要なのは、必ず「最終的に使う縮尺」で印刷することです。

すべてを CAD で製図したとしても、現在のところ図面は最終的には紙に印刷された状態で見られることを忘れずに（講評会でも現場でも施主打合せでも）。

図面を読込むことができます。

○手作業

印刷した図面に植栽や人物をペンで描き加えたり、色鉛筆やコピックで着色するのも立派な図面表現です。

■ CADを使った製図時の注意点

CADの利点は多いですが、手描きの製図と比べると、①精確で安定した描画・②図の変更や修正が簡単・③縮尺が自由・④複製（コピー）が容易、といったデジタルデータであるがゆえの長所が大きいでしょう。製図の初学者でもこれらの長所を活かすことで、設計や表現のレベル、作業効率を高めることができます。ただし、他のあらゆる道具と同じように、長所はしばしば裏返って短所になることを理解しておきましょう。

●精確で安定した描画＝優れた図面、ではない

ブレがない精確な描画はCADの本領ですが、イコール優れた図面ではありません。製図において最も大切なのは、必要な情報をわかりやすく表現することです。「CADは清書が要らないから楽」と言われることもありますが、線の太さや密度、図形の位置などを微調整して、図を整理整頓したりメリハリをつける「清書」作業はCAD製図に不可欠です。

●容易な変更や修正→無限の修正や削除ミス

修正や変更が容易なことはCADの最も実感しやすい利点ですが、この利点は作業が長引いたり決断を先送りすることにもつながります（例：細かな箇所の修正に時間をとられ他の図面が未完成に…）。また変更が容易であることは、削除することもまた容易だということです。ふとしたはずみでデータが消えても大丈夫なよう、まめに「保存」する習慣をつけましょう。

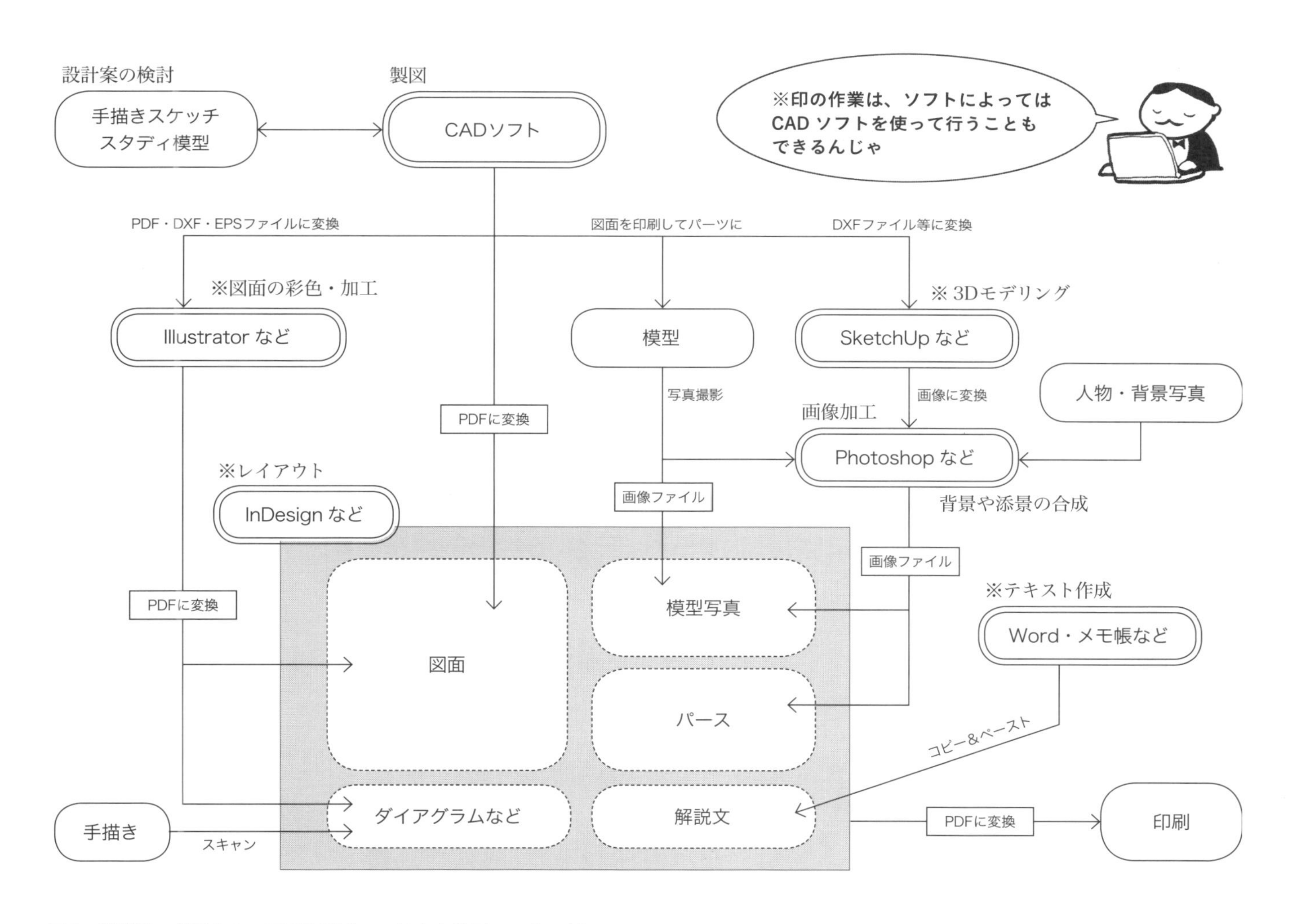

図8　設計案の検討から、図面印刷までの流れと使用ソフトの例

●縮尺からの自由→スケール感覚の喪失

CAD ではモニタ上での拡大／縮小表示や縮尺変更が自在にでき大変便利ですが、その反面、作図時に大きさの感覚を見失いがちです。現在描いている線が実際には何メートルの長さなのか、というスケール感覚を常に意識して作業しましょう。

●コピペ（コピー＆ペースト）の罠

CAD の図面は、複製や再利用がしやすいというデジタルデータ共通の長所を備えています。とりわけコピペによる図形の複製は、手描きに比べると革命的に便利な機能です。しかしながら他の図面からのコピペは、労力だけでなく設計にそそぐ思考をも省略しかねないため、初学者のうちは行うべきではありません。スポーツや楽器などと同様に、製図の作法や設計の基礎力も地道なくり返しの作業を通してこそ身につくものです。

● CAD に「使われない」ように

人間の発想は使う道具に強く影響されます。紙と鉛筆を使って設計を考える時と CAD を使って考える時では、同じ人でも異なった案となることがあります。CAD は人間を助け設計の可能性を広げる道具なのですから、くれぐれも CAD を使うことで逆に設計が窮屈になったり、CAD で描きやすいように設計してしまうことのないよう、うまく使いこなしていきましょう。

●印刷は PDF で！

図面データを CAD やイラストレーターから印刷すると、データのサイズによっては印刷に非常に時間がかかります。また普段使わないプリンタでの印刷に手間取ることもよくあります。このような事態を防ぐには、CAD データを PDF データに変換してから印刷することが有効です。

PDF データへの変換は「印刷（プリント）」コマンドから、通常のプリンタに印刷する時と同じ方法で PDF に変換する方法が簡便です（Macintosh では初期設定でこの機能が搭載されており、Windows でも「CubePDF」等の PDF 作成ソフトを導入することで、同じように変換できます）。AutoCAD や ArchiCAD の場合は、ソフト自体に備わっている PDF 変換機能を使うと確実でしょう。

Macintosh の場合
プリントの設定画面から「PDF として保存」を選ぶ。

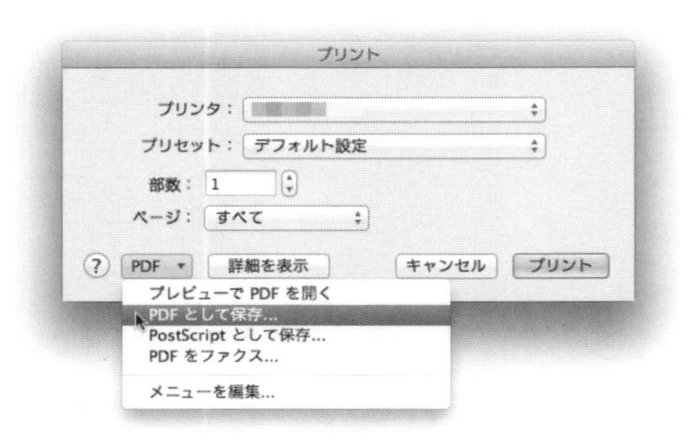

Windows（CubePDF）の場合
プリントの設定画面からプリンタ名を「CubePDF」に選ぶ。
（同名のフリーウェアのインストールが必要です）

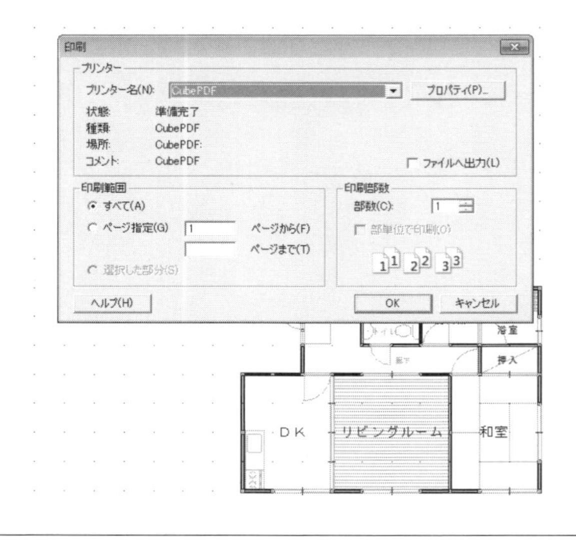

模型のつくり方・使い方 …………… 6

模型には、デザインの検討のためにつくる「考える模型」と、設計の魅力を表現するための「伝える模型」があります。独学では学びづらい模型の「つくり方」の基本的なテクニックとともに、設計やプレゼンテーションでの模型の「使い方」を学びます。

「編集者の家」（第３章「木造図面を描こう」）
外壁、屋根、開口部など建物の外形を表現する模型。

「大きな庇のあるガーデンパーティーが好きな家族の家」（第４章「RC 造図面を描こう」）
サッシ枠、家具などの細部も表現する模型。

■考える模型

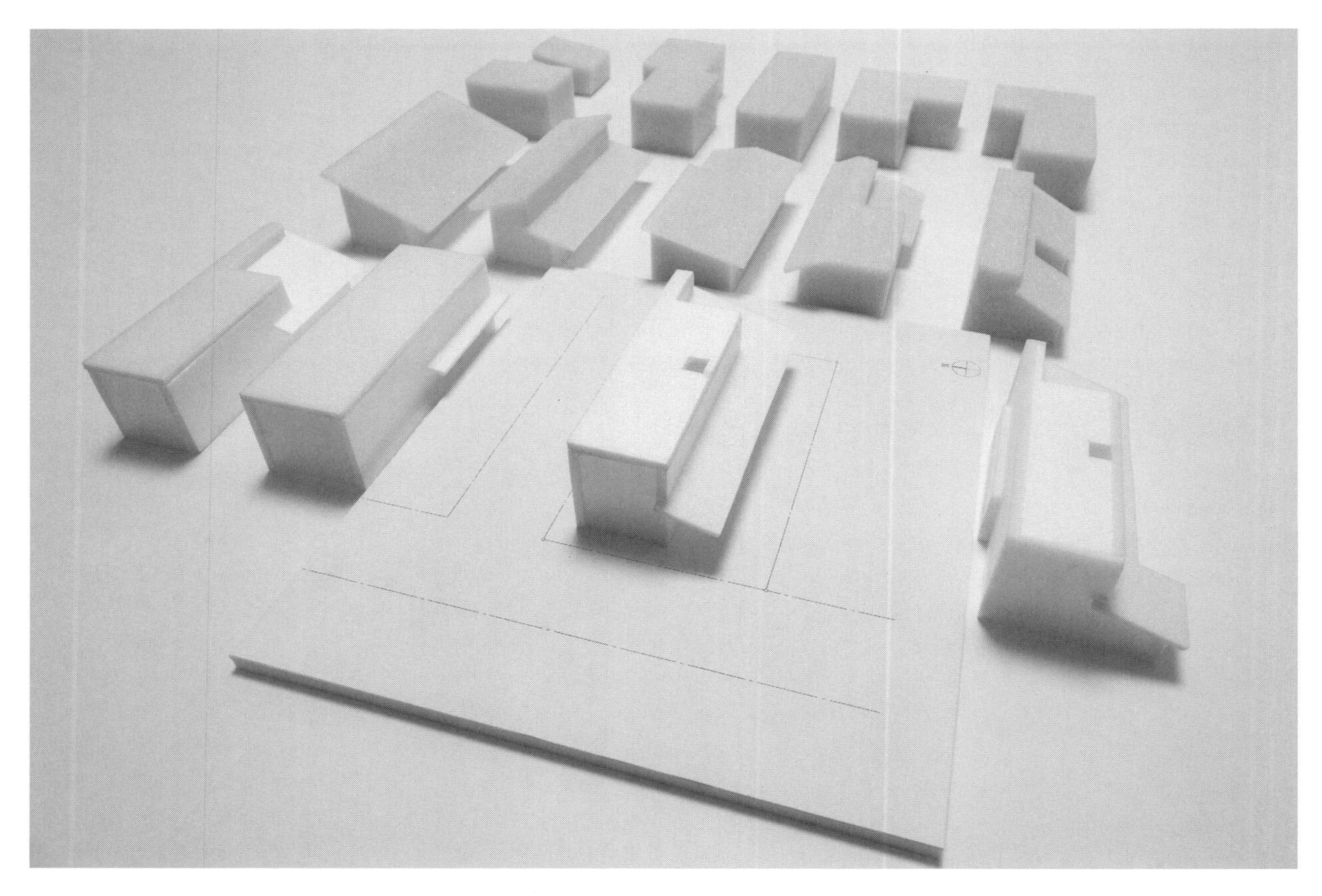

考える模型とは、デザインを考えるためのスタディ模型です。

いくつも模型をつくり、比較・検討作業をくり返すことによって、設計者自身の考えを明確にし、デザインをより良いものにしていきます。材料は、スタイロフォームやスチレンペーパー、スチレンボート、段ボール、粘土などを用い、縮尺は 1:100 から 1:300 程度とします。

右ページは、「大きな庇のあるガーデンパーティーが好きな家族の家」（第４章）のスタディの過程の一部です。最初にスタディ模型の縮尺を決め、敷地模型をつくります。次に複数の模型をつくり、それらを比較します。すると、新たな検討項目やアイデアなどが見えてきます。そこで今度は、図や言葉を使って検討したり、スタディ模型をつくったりして検討作業を行っています。

模型は、考える道具になる！
くり返したくさんつくるのじゃ

▷「考える模型」の４つのポイント

①最初に敷地模型をつくる。建物と地面との関係は必ず示さねばなりません。

②必ずスケールを意識する。大きさの検討も欠かせません。

③図や言葉も使う。自分の考えを明確にし、多角的な検討を可能にします。

④くり返し、数多くつくる。アイデアの発見、デザインの発展のためには欠かせません。

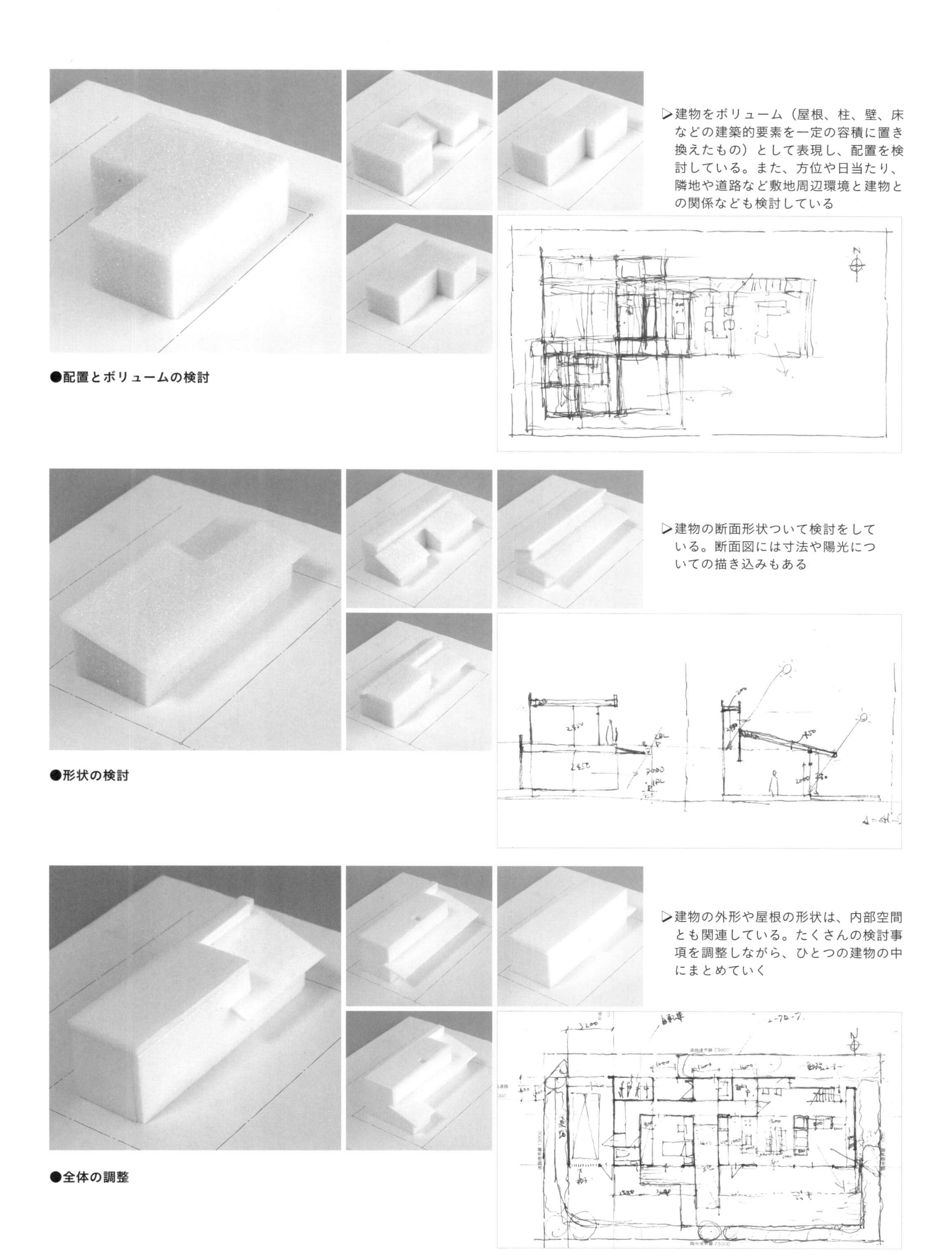

▷建物をボリューム（屋根、柱、壁、床などの建築的要素を一定の容積に置き換えたもの）として表現し、配置を検討している。また、方位や日当たり、隣地や道路など敷地周辺環境と建物との関係なども検討している

●配置とボリュームの検討

▷建物の断面形状ついて検討をしている。断面図には寸法や陽光についての描き込みもある

●形状の検討

▷建物の外形や屋根の形状は、内部空間とも関連している。たくさんの検討事項を調整しながら、ひとつの建物の中にまとめていく

●全体の調整

■伝える模型

▷庭から建物を望む。外部空間と内部空間との関係を表現する。人物や家具、植栽などによって模型にスケール感がでてくる

「伝える模型」は他者に設計者の考えを理解してもらうための、プレゼンテーション用模型です。

「考える模型」が設計者自身のためにつくる模型であるのとは対照的です。設計者の意図を表現することが「伝える模型」では非常に重要です。

「伝える模型」の材料は、スチレンボードをはじめ、バルサ、塩ビ板、金属板、粘土、ジェッソ、カラースプレー、色紙などさまざまなものがあります。模型材料の種類は豊富なので、目的に応じて材料を選びましょう。また、縮尺は1:200以上が必要で、1:100以上が良いでしょう。1:50以上であれば、家具などが配置できるので内部空間が表現しやすくなります。

「伝える模型」の表現では、設計者の意図や縮尺に応じて抽象化が必要です。例えば、複雑な形をそのまま作り込んだ敷地周辺の建物は、空間構成を把握するためにつくった建物本体の白い模型に対しては、不釣り合いです。この場合、敷地周辺の建物は単純化された外形を表す程度の模型が適切でしょう。また、建物内部を重点的に見せようとする時は、外壁に細かなテクスチュアを作り込むよりも、透明アクリル板で壁をつくるといった方法が適切といえます。

**模型は、贈り物になる！
伝えたいことを
かたちに変えるのじゃ**

▷画角を広くとれる広角レンズを用いて撮影。さらに横長にトリミングして、キッチン、リビング、ダイニングの空間の水平的な広がりを表している

▷レンズの絞りを絞り（F値を大きく）、被写界深度を深くして撮影した模型写真
模型の手前から奥までピントが合っている。奥行き感を表現する場合などに応用できる

▷スマートフォンを使った撮影方法
模型にスマートフォンを入れて、一眼レフカメラでは撮れない内部空間の様子を撮影

▷臨場感のある内部空間の写真
1:50の縮尺の模型では、人物や家具を配置して空間の雰囲気を表すことができる

■模型製作のコツ

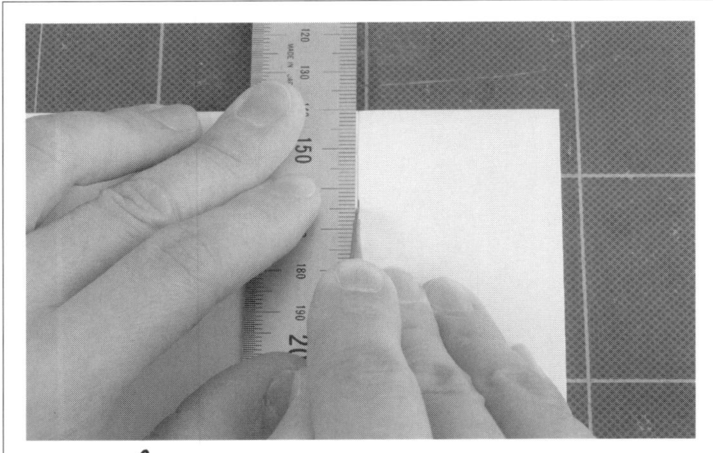

▷指でカッターを支える。手を浮かせたり、上から握らないようにする

▷切るものに対して、直角を保つようにする

▷一度で切ろうとせず、数回に分けて切る

▷大きな部材を切るときは、カッターを引く方向に体がこないようにする

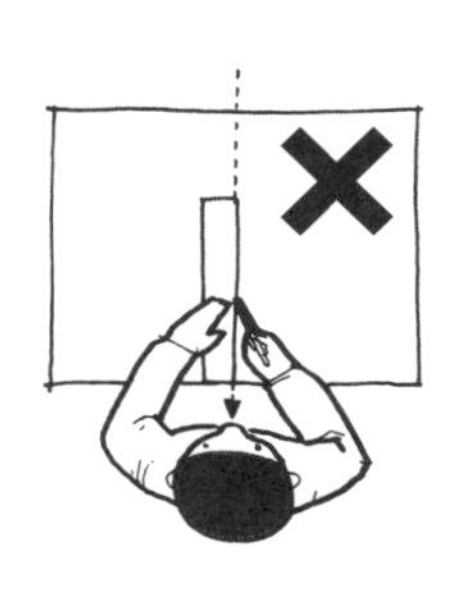

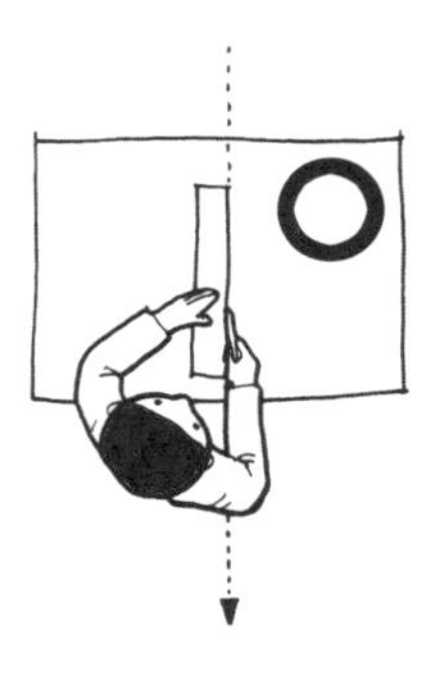

持ち方を気をつけるだけでも、切り口が違ってくるぞ

●断面をきれいに切るコツ

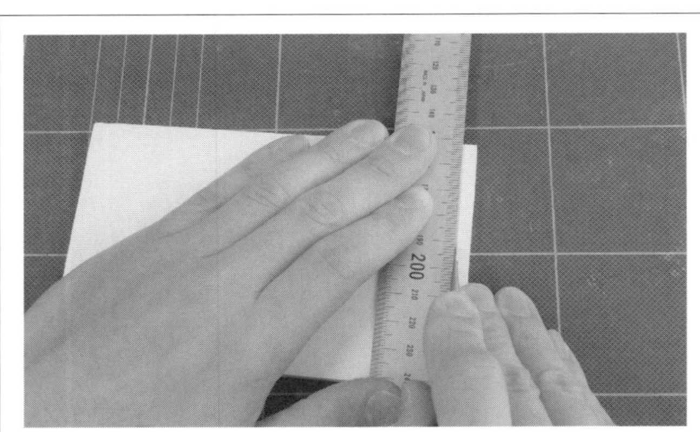

①裏側に接着するボードの厚みを取り、表側の紙を切らないように中の発泡体に切れ目を入れます。この時、2、3 回に分けて切るようにします

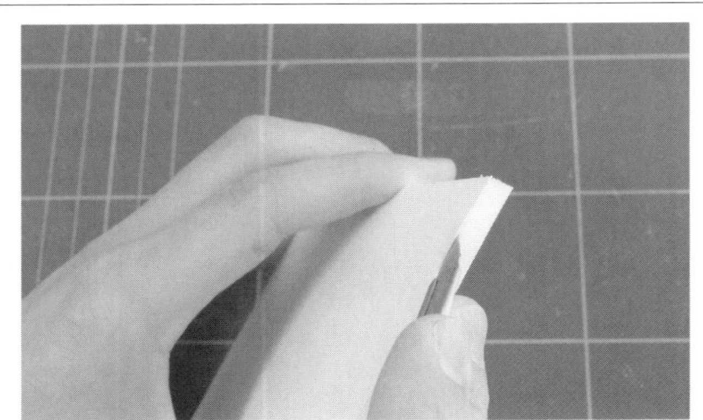

②次にカッターを使って側面から発泡体を切り離します

③表の紙に残った発泡体をカッターの刃の背の部分や金属製定規などでこそぎ落とします

④紙一枚残しの完成

●紙一枚残しのコツ

①内側になる面の端からスチレンボードの厚みを測り、紙だけを切り剥がします

②外側になる紙の部分を切らないように注意しながら、小口が45°になるようにカッターで切り落とします

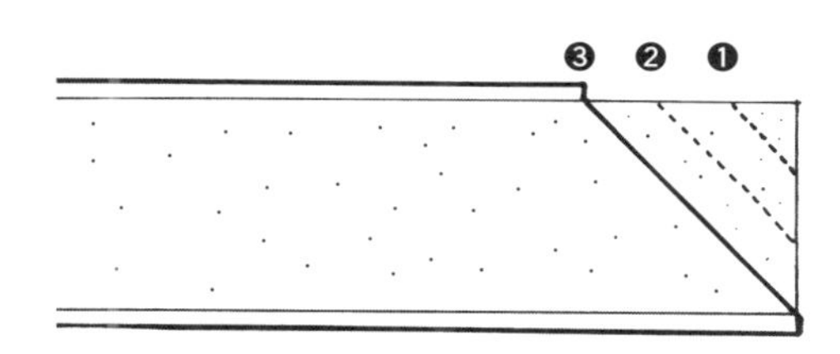

③慣れないうちは一度に切らずに、2、3 回に分けて切るとよい

④カッターできれいに切れない場合、スチレンボードに紙ヤスリを貼ったものを用いて断面を整えます

●斜めカットのコツ

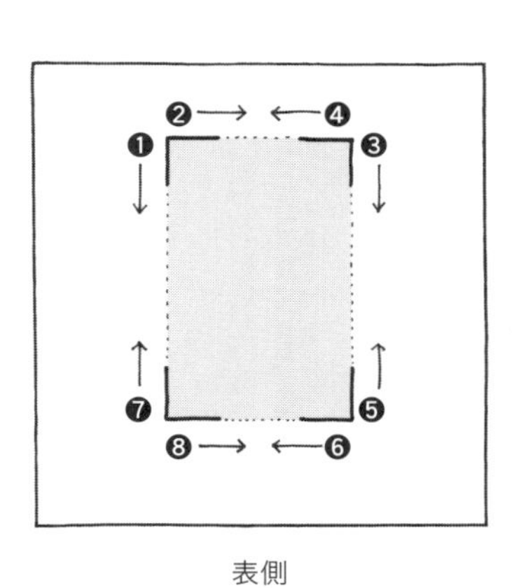

表側

①表側のコーナー部分から刃先を入れて切る（❶−❽）。ただしコーナー以外では、裏側まで刃が届かないように切り込みをいれる（点線部分）

②裏側からコーナー部分の切り込みをつなぐように切る。表、裏のどちらから見てもシャープな角の開口部ができる

●開口部をきれいに切り抜くコツ

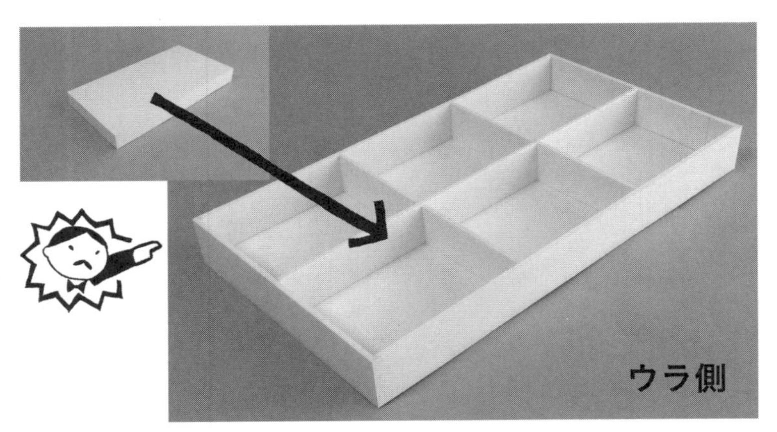

●敷地・台

平坦な敷地の場合でも、地盤面は1枚のボードでつくるのではなく、縁をつけ、裏側には補強を入れて厚みのある台をつくりましょう。

必ず「縁」を付け、裏側も補強をしてやります。こうすることで、後から台が反ってくることを防ぐことができるとともに、安定感のある台に仕上げることができます。

●重箱模型はダメ

重箱のような各階を積んだ模型は、階ごとにズレてきたり、外壁が面として揃わないため、見た目も悪く、不正確な模型となりがちです。

●床など

スチレンボードを2枚貼り合わせて床などの厚みを作る場合、内側になるボードの紙は剥がし、外側になるボードの紙だけを残して貼り合わせると接着面がきれいに仕上がります。

フローリングなどのテクスチャを印刷したものを貼ってもよいでしょう。ただし、色彩やスケール感には注意しましょう。

広い面を接着する際は、両面テープと接着剤を併用しましょう。スチのりやスプレーのりの接着では、接着面が後で乾燥して紙が反ってしまいます。

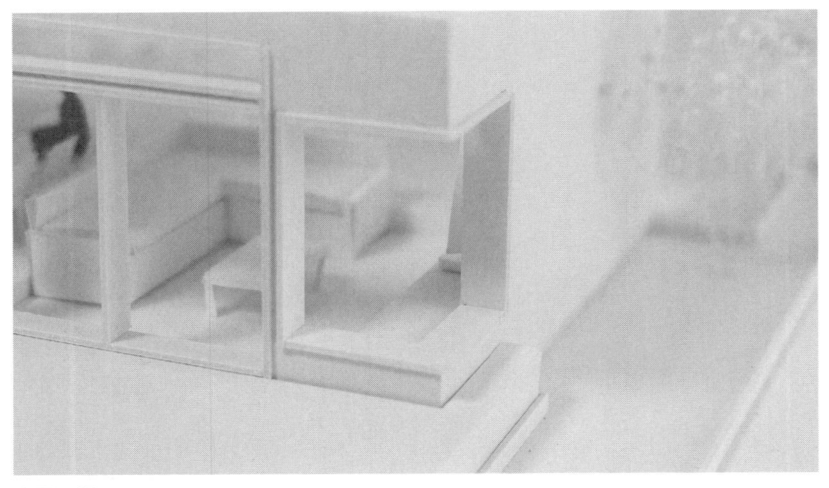

●開口部

表現の意図によって製作方法を使い分けましょう。開口部を開けるだけの方法、開口部の枠もつくる方法、ガラスを塩ビ板で表現する方法などがあります。

この写真は、1ミリ厚のスチレンボードを小口に貼った例。1ミリくらい余分に出すときれいに仕上がります。

塩ビ板を開口部にはめ込む模型の場合、小口に1ミリ厚のスチレンボードを貼ってプラスチック板とスチレンボードの接着部分を隠します。フロストガラスを表現したい場合は、塩ビ板にトレーシングペーパーをスプレーのりで貼ります。トレーシングペーパーを貼った面は外側にします。

●家具など

空間のイメージをより詳細に表現し、スケール感を出すために人や家具を作りましょう。模型に人間のスケールを少なくとも入れましょう。

●コンタ模型

高低差のある地形は、等高線（コンタ）にそって切断した板材を重ねて模型をつくります。材料は、スチレンペーパー、スチレンボード、段ボール、コルク、粘土などを用います。

こんなコンタ模型はもったいないんじゃ

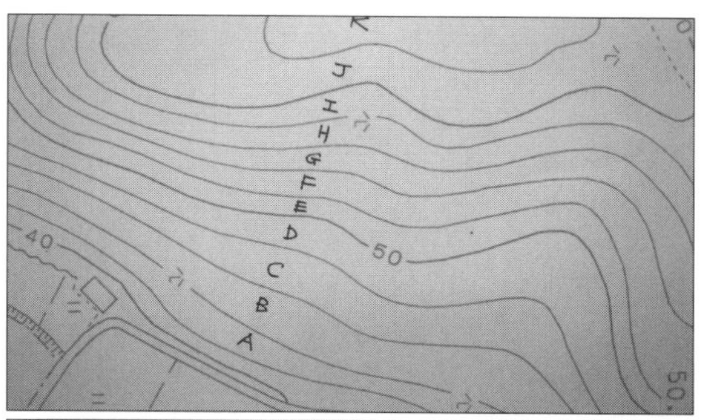

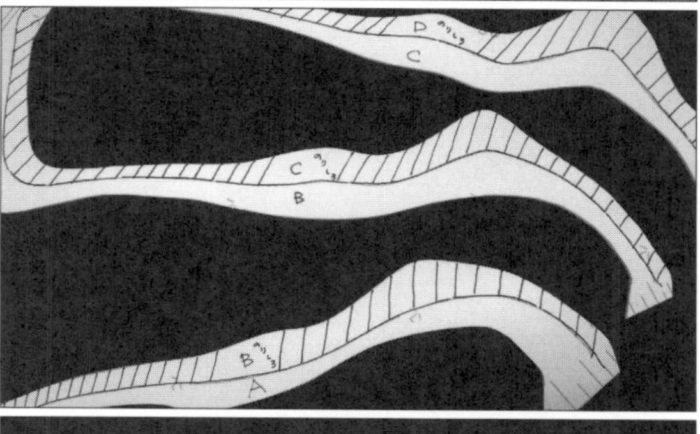

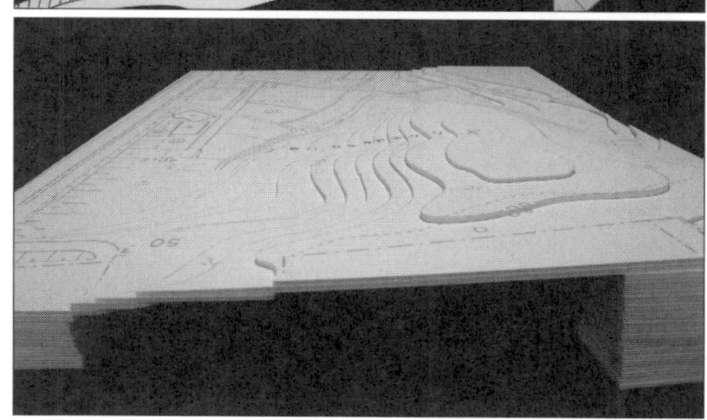

●「等高線一本とばし」方法による敷地模型の作成

①同じ等高線の図面を貼り付けたスチレンペーパーを２枚用意する
②１枚目は「A+B」「C+D」「E+F」…と等高線を一本とばして切り、ハッチ部分の「B」「D」「F」…をのりしろにする
　２枚目も同じ要領で「B+C」「D+E」「F+G」…と切り「C」「E」「G」…をのりしろにする
③それらを順に貼り合わせ、模型下を支柱で支えて完成

●分割・分解

外壁や屋根の一部が取り外しできるようにしたり、ある垂直面で模型を分割できるようにして、内部空間を見やすくすることができます。分割できる模型の切り口をきれいに見せるためには、小口を紙で覆って化粧します。固定部と可動部をあらかじめ決めてから模型製作を始めます。基本は、屋根や外壁が可動する模型が良いでしょう。

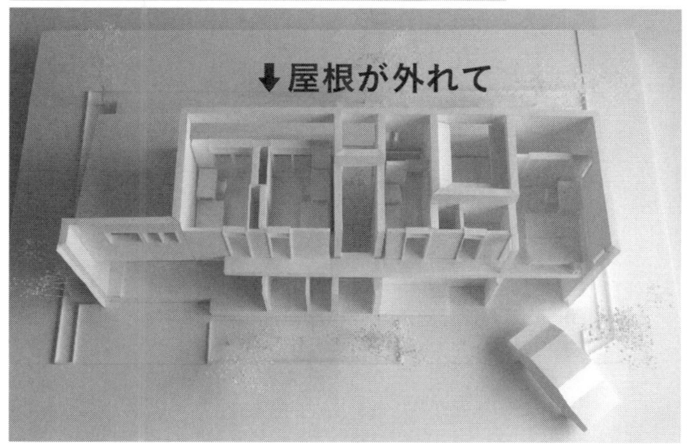

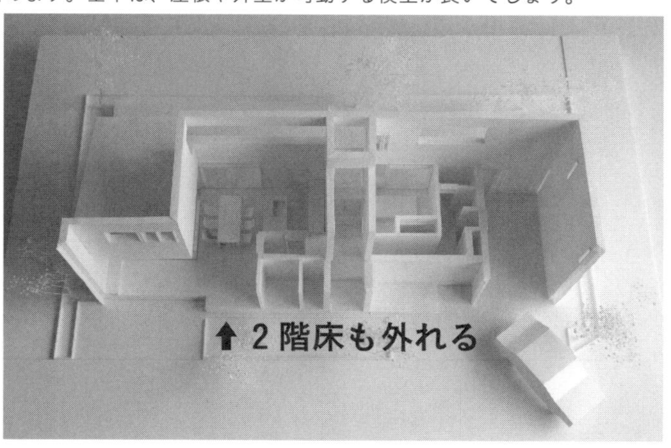

■編集者の家（3章）をつくってみよう

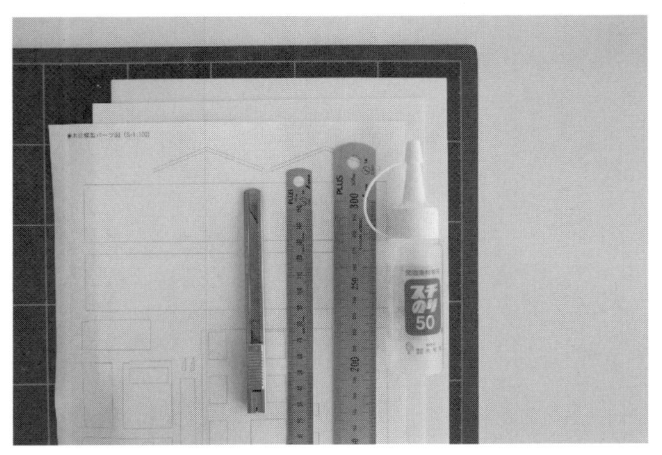

●0　道具・材料の準備

道　具：カッターナイフ、カッティングマット、金属製直尺
材　料：スチレンボード：1ミリ、3ミリ
接着剤：スチのり、またはカネダイン
図　面：「編集者の家」S=1:100 模型用図面
木造模型土台サイズ：150×280（mm）、高さ 30（mm）

裏側の補強も含めると、A3サイズのスチレンボード1枚あれば作成できます（無駄無く使用した場合）。B4サイズだとギリギリとれません。

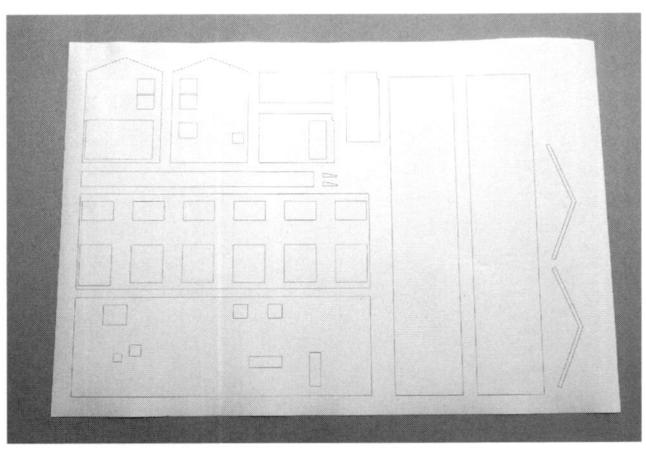

●1　図面、材料を用意する

「編集者の家」の各図面をもとに、建物の各面をパーツに分けて、輪郭や窓の位置等を1ミリのスチレンボードに製図します。この際、スチレンボードに無駄が出ないよう、できるだけ一箇所にまとめて効率よく製図を行います。

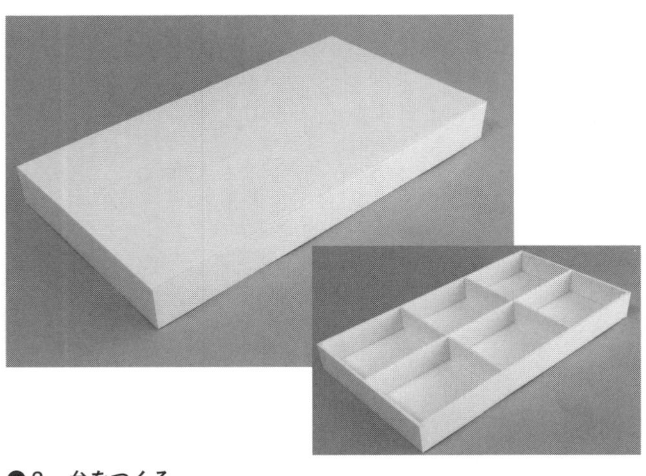

●2　台をつくる

模型を設置するための台を作成します。ここでは3ミリのスチレンボードを使用して台を作成しますが、制作する模型の大きさによっては、適宜厚さを調整し、しっかりとした台になるようにします。台には必ず縁をつけ、裏側を補強します。

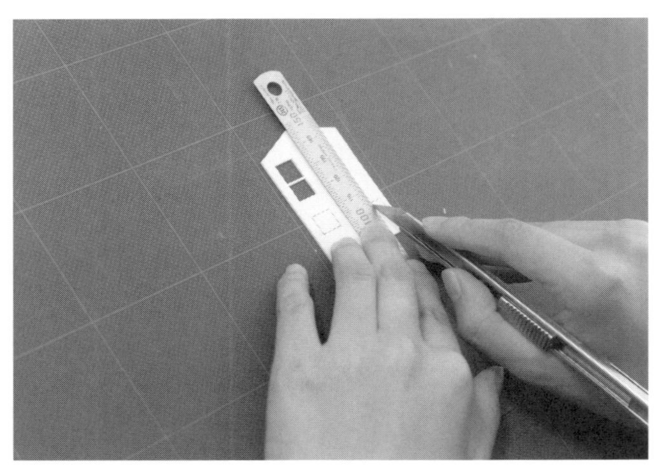

●3　パーツをカットする

カッターナイフの使用は、必ずカッティングマットの上で行います。定規も金属製のものか、エッジに金属製のガードが施されたデザイン定規等を使用します。カッターナイフは刃先をこまめに折って、常に鋭い刃先の状態で使用することが、シャープなカットを行うコツです。

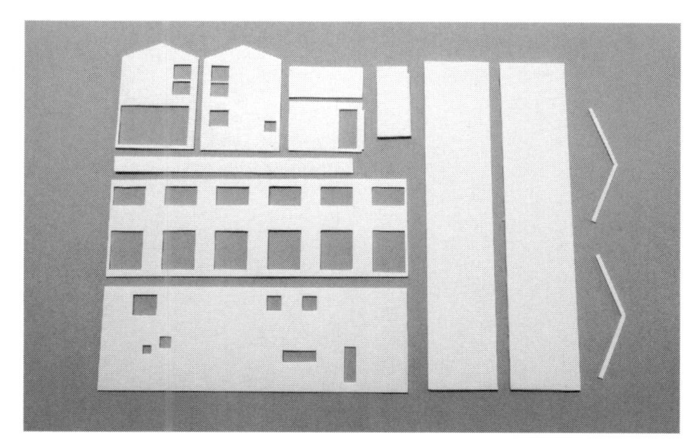

●4　主要なパーツをカットした例

ある程度パーツをカットしてから組み立て始めましょう。

●5　パーツの組み立て

接着剤はできるだけ最小限の使用にとどめることが、模型をきれいにつくるコツです。

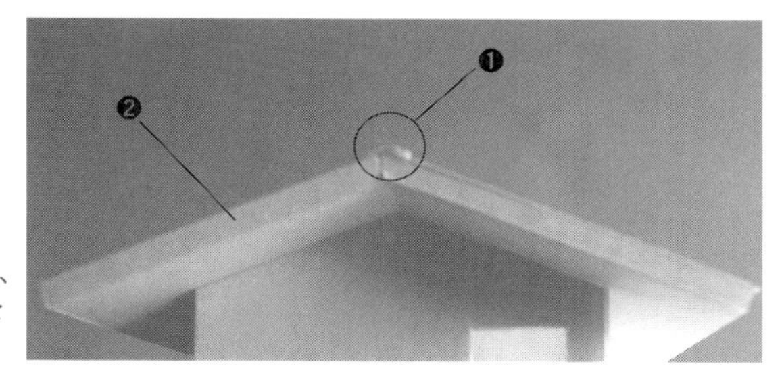

屋根板の継ぎ目❶に白色の厚紙を貼り、屋根板の小口❷にカットしたパーツを貼る。

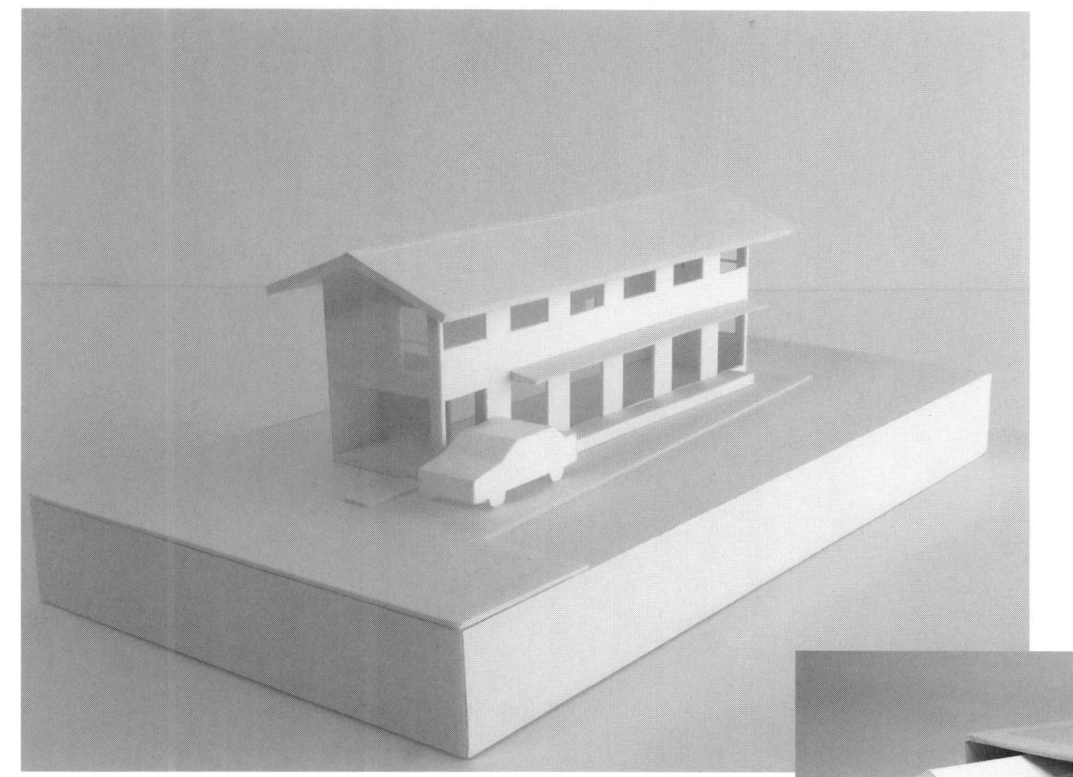

●6　完成

台に模型をしっかりと接着して出来上がりです。汚れ等がある場合は、練りゴム等で拭い取るとよいでしょう。かすみ草のドライフラワーや市販の模型用樹木を使用して樹木の表現を加えたり、自動車や人を加えても構いません。

●7　収納ケースの作製

模型を運搬する際に破損することないように箱を作ります。箱の中で模型が動かないように、箱の大きさや模型の収納方法を工夫しましょう。

■木造模型パーツ図（S=1:100）

製図演習(よくある質問)のFAQ　付録

建築製図を教える筆者らが学生からよく聞かれる質問や疑問・悩みに、一問一答形式で答えます。

【表記・表現】

[線の種類]

◉ 01　**「線の太さ」の使い分け方が分かりません。**

太い線は断面線、細い線は見えがかり線に使用します☞ p.14。

◉ 02　**「破線」と「鎖線」の使い分け方が分かりません。**

「破線」は主に家具の置き場所や形状を想定して記入する、あるいは、平面図で上部にある庇や上階の出を表す、またはトップライトといった図面上で見えてこない物の位置を示すのに用います。実線は図面上で見えてくる対象を表記するのに用います。鎖線は建築製図では主に1点鎖線を使用し、通り芯や敷地境界線などを表記します☞ p.14。

◉ 03　**「見えがかり線」「断面線」「捨て線」とは、それぞれ何ですか。**

「見えがかり線」は実際に図面上に見えてくるものを表す線。「断面線」は図面表記上、切断された壁などの切断面を示す線のこと☞ p.14。「捨て線」は作図の過程で補助的に用いる線を言います☞ p.20、図参照。

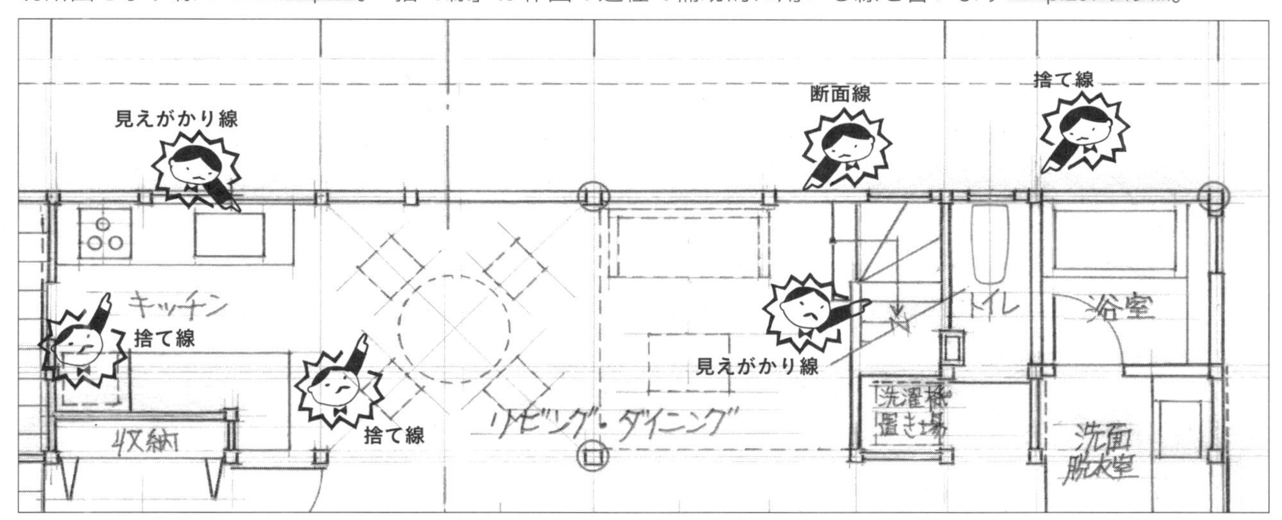

[表記の意味]

◉ 04　**「G.L.」「F.L.」「C.H.」とは、それぞれ何ですか。**

「G.L.」は「グランド・ライン」の略で、地面の位置を示すラインのこと。「F.L.」は「フロアー・ライン」の略で、床の位置を示すラインのこと。「C.H.」は「シーリング・ハイト」の略で、天井高を示します☞ p.44。

◉ 05　**木造の図にある☒や ▱、⊗ は何ですか。**

☒は木造構造で構造上必要な柱を示します。▱は「間柱」と言い、壁を構築するための下地になる柱を示します。⊗は「通し柱」と言い、構造上主要な柱の内、特に下階から上階まで継ぎ目のない柱を示しています。

◉ 06　**RC 造の図にある「斜め三本の線」は何ですか。**

コンクリートの躯体部分（構造体としてのコンクリートの実部分）☞図参照を示しています。

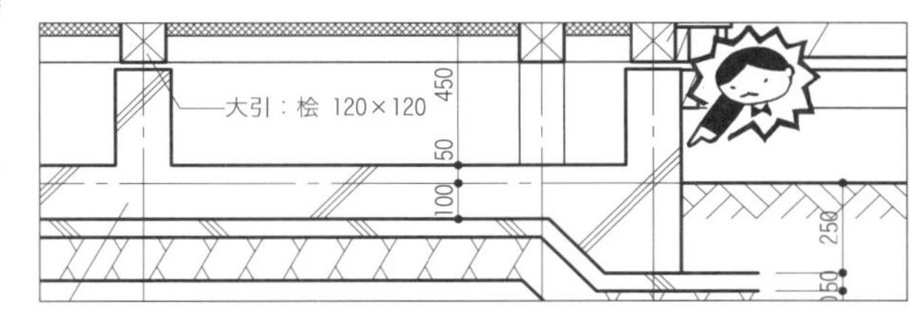

[高低差に関する表現]

◉ 07　**「床のレベル差」はどのように表記しますか。**

☞図参照、p.58

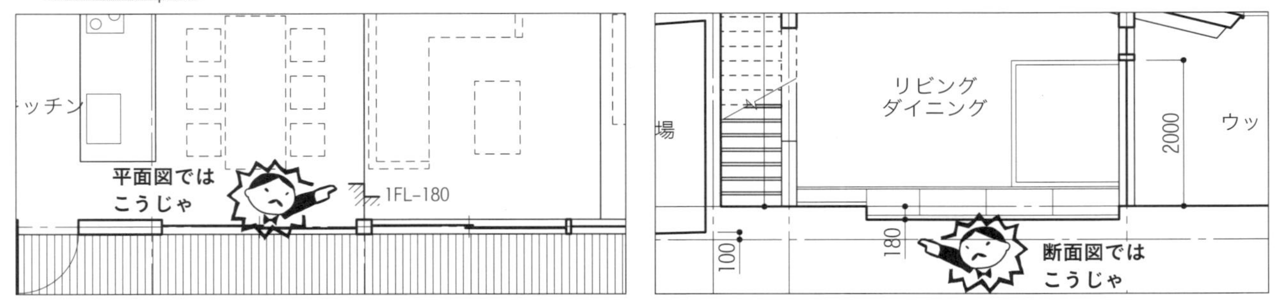

◉ 08　**「法面（のりめん）」はどのように表記しますか。**

☞図参照

◉ 09　**「地形」はどのように表記しますか。**

☞図参照

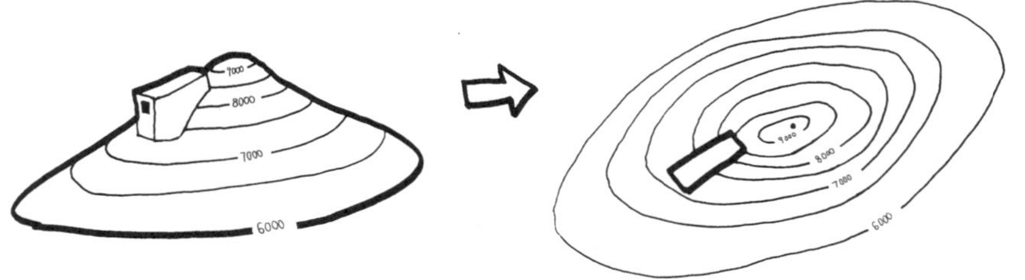

[階段・スロープに関する表現]

◉ 10　**「階段」の描き方が分かりません。**

☞ p.27

◉ 11　**「螺旋階段」の描き方が分かりません。**

☞ p.27

◉ 12　**階段やスロープの「矢印の向き」はどのように考えたらよいですか。**

下から上に向かって矢の向きを表記するのが基本☞ p.27です。ただし、矢印の矢筈の付近に「UP」「DN（Down の略）」を付記し、上下方向を示す場合もあります。図はすべて同じ階段を表しています☞図参照。

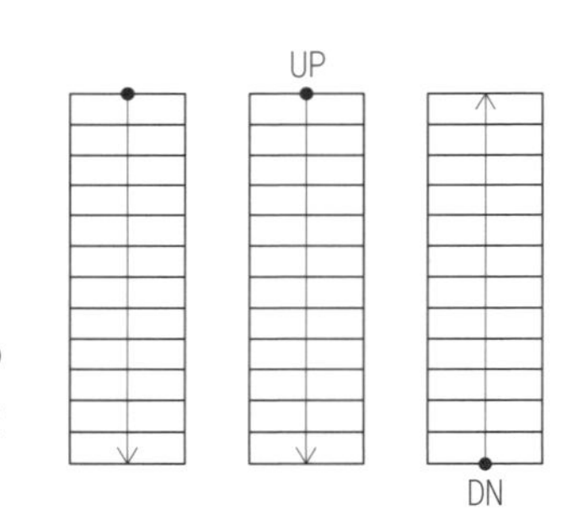

[開口部に関する表現]

◉ 13　**「ドアや窓の表記方法」が図面によって異なります。どれが正しい表記方法ですか。**

表記方法は、図面によって異なることがあります。まずは本書の凡例☞ p.26 をしっかりと学習した後に、他の図面も参照し、適宜応用するとよいでしょう。

◉ 14　**「高窓（ハイサイドライト）」や「天窓（トップライト）」はどのように表記しますか。**

☞ p.17

[断面図における床・屋根の表現]

◉ 15　**断面図における「屋根・屋上の表現方法」が分かりません。**

☞ p.44, 51, 60, 61, 65

◉ 16　**断面図における「床の表現方法」が分かりません。**

☞ p.44, 51, 60, 61, 65

◉ 17　**断面図における「基礎と地面の関係を表現する方法」が分かりません。**

☞ p.17, 51, 65

［通り芯と寸法線］……………………………………………………………………………………

◉ 18　**「通り芯」とは何ですか。また、どこに入れるのですか。**

Ⓧ1 Ⓨ1 といった記号が付された線☞ p.18, 19 で、寸法を見る上で基準となる位置に入れます。

◉ 19　**「寸法線」とは何ですか。また、どこに入れるのですか。**

建物各部の寸法を表記する線☞ p.18 です。建物各部の主だった寸法が理解できる位置に入れます。

◉ 20　**「寸法の表記方法」が図面によって異なります。どれが正しい表記方法ですか。**

寸法の表記方法には、いくつかの種類があります。まずは本書の凡例☞ p.13, 18 をしっかりと学習した後に、他の図面も参照し、適宜応用するとよいでしょう。

［縮尺と図面表現］……………………………………………………………………………………

◉ 21　**「図の縮尺」はどのように決めたらよいのですか。**

図面によって何を伝えたいのかということを考えてください。例えば住宅の概要を伝えたいのであれば、1/100 程度の縮尺で表現ができるでしょう。構造と仕上げの関係等を伝えたいのであれば、1/50 以上の縮尺が必要です。こうしたことを念頭に、適切な縮尺を使用するようにします☞ p.13（「尺度とは」表参照）。また、1/120 や 1/230 といったキリの悪い数値の縮尺は原則として使用しません。

◉ 22　**図はすべて「同じ縮尺」で描かないといけないのですか。**

図は原則として同じ縮尺で表記します。ただし、例えば、平面図、断面図、立面図などを 1/100 などの同一の縮尺で表記した上で、配置図兼屋根伏図のみを 1/200 や 1/150 程度の縮尺で表記することは構いません☞ p.30-31 間の折図（手描き図面参照）。

［用紙と図の関係］……………………………………………………………………………………

◉ 23　**用紙に図が納まりません。どうしたらよいですか。**

伝えたい内容に影響が無い場合には、縮尺を小さくします。あるいは、図に切断線を入れて、一つの図を分けて表記する方法もあります。ただしこの際には、全体構成が理解できる縮尺の小さい図を併記するようにしましょう。☞図参照。

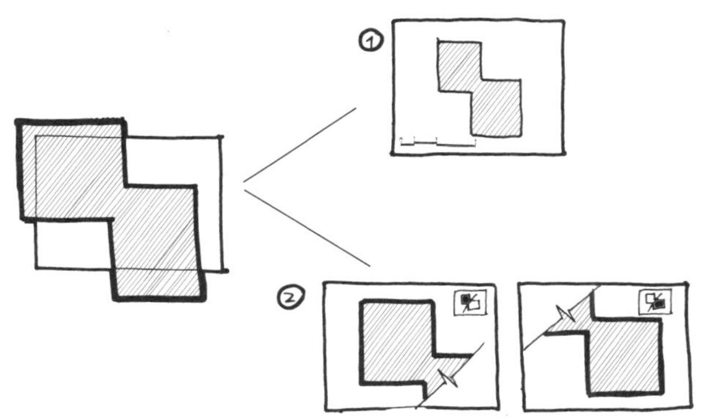

◉ 24　**「図のレイアウト」は用紙上にどのように配置したらよいですか。**

図面が仕上がった時の用紙全体に対するレイアウトをあらかじめ想定して、バランス良く図が表記されるようにします☞ p.56（コラム「レイアウトに注意しよう」参照）。写真や凡例等を用紙上に併記する場合には、そのスペースも考慮した上で、図を配置するようにしましょう。

◉ 25　**平面図を描く場合、用紙に対して「図は北側が上」になるように描かなければいけませんか。**

原則として、用紙の上部を北側方向として図は配置します。しかし、正確に 0 時方向を北側にする必要はありません。おおまかに用紙の中央から上部半分の範囲に北側が設定されていればよいでしょう。また、方位表示を必ず付記するようにしましょう。

［図面表現のテクニック］……………………………………………………………………………

◉ 26　**平面図や断面図の「断面線より奥に見える部分」は、どのように表現しますか。**

見えがかり要素を細線の実線で表記☞ p.44, 51, 60, 61, 65 します。

◉ 27　**「不定形な敷地図」の描き方が分かりません。**

☞ p.32

◉ 28　「スケールバー」とは何ですか。またどうやって使うのですか。

寸法を示すガイド表記☞図参照を言います。図の縮小・拡大で縮尺が定まらない場合や、寸法線をプレゼンテーション上、記入したくない場合などに使用します。

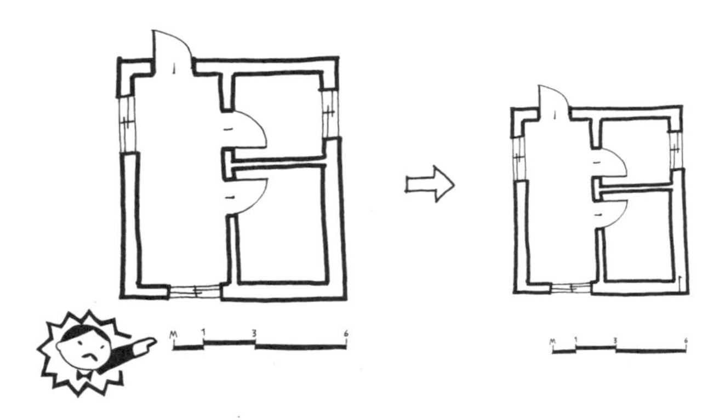

◉ 29　「凸凹のある建築物」の立面図や断面図は、どのように描くのですか。

どのような形状の建築物も立面図や断面図の描き方は同じです☞図参照。

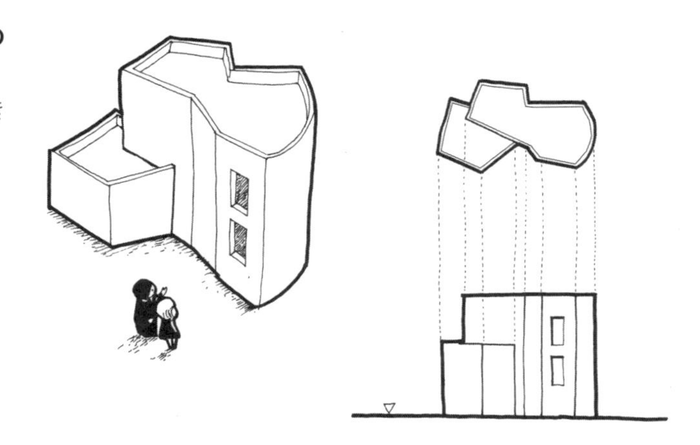

◉ 30　「分棟からなる建築物」は、どのように表記したらよいですか。

分棟からなる建築物は、その位置関係を維持した状態で表記します。用紙に収まりきらない場合は、それぞれを単独で表記する場合もありますが、この際には、全体構成が理解できる縮尺の小さい図を併記しましょう。

◉ 31　「地下室」はどのように表記したらよいのですか。

☞図参照

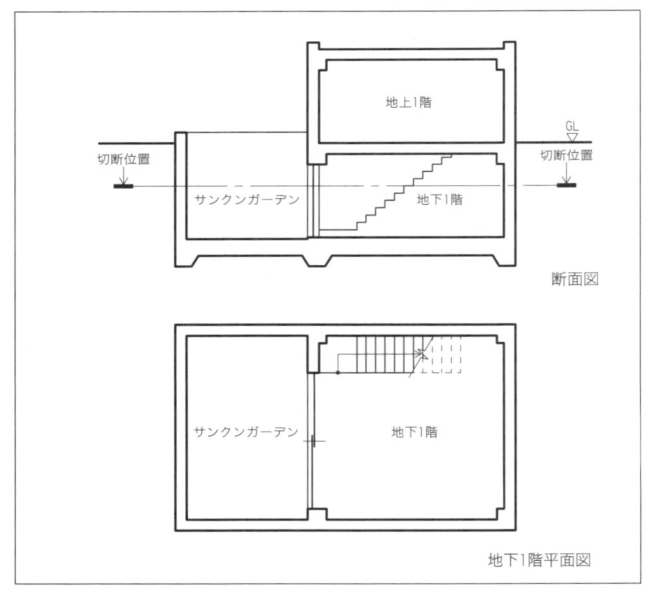

◉ 32　図面に「色」を付けたいのですが、どのような方法がありますか。

色鉛筆や水彩絵の具、水性ガッシュ、コピック等で着色するとよいでしょう。カラーシートや色紙を部分的に貼る方法もあります。

◉ 33　建築物を「立体的に表現」したいのですが、どのような方法がありますか。

アイソメトリック図法やアクソノメトリック図法☞p.30があります。近年ではCADを使用することで、パースペクティブ（パース）も簡単に作図できるようになりました。簡単なスケッチを行ったり、模型写真にトレーシングペーパーを載せて形を写しとるといった方法もあります。

◉ 34　**「インテリア」を表記したいのですが、どのような方法がありますか。**

アイソメトリック図法やアクソノメトリック図法、あるいはパース☞ p.30を使用するのが一般的です。「展開図」☞図参照で表現する方法もあります。

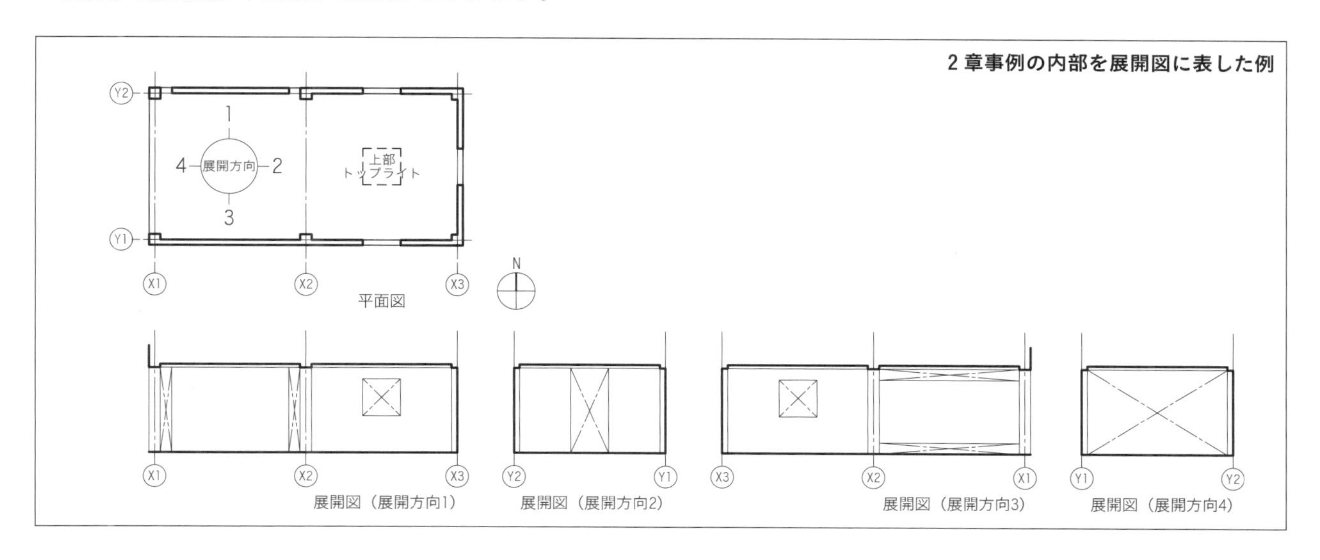

◉ 35　**「天井伏図」「基礎伏図」とは何ですか。**

「天井伏図」とは、天井を表した平面図です。例えば、天井伏図を表記したい部屋の床がすべて鏡でできているとしましょう。その鏡の床に写った天井の見えがかりを図化したものが天井伏図となります。「基礎伏図」は、基礎形状を上から見た時の見えがかりを図化したものです。

［模型表現のテクニック］……………………………………………………

◉ 36　**「コンタ（等高線）模型」のつくり方が分かりません。**

☞ p.81

◉ 37　**「曲線のある模型」のつくり方が分かりません。**

三次曲面を表現する場合は、発泡スチロールや木材から曲面を削り出す方法や、粘土を用いる方法があります。二次曲面を表現する場合は、スチレンボードやバルサ、ボール紙などを筒状のものに沿わせるように、少しずつ曲げていきます。

【計画・知識】

［図面表記の考え方］……………………………………………………

◉ 38　**「平面図はどの高さ」で切断したらよいですか。**

おおむね、人の目の高さで切断すると考えればよいでしょう。こうした位置よりも高い位置や低い位置に開口部や造作がある場合は、これを可能なかぎり含めて表記☞ p.15するようにします。

◉ 39　**「断面図はどの位置」で切断したらよいですか。**

建物の構成を理解する上で要となる位置を切断☞ p.15するようにしましょう。

［各部の考え方］……………………………………………………

◉ 40　**「天井の高さ」はどのように決めるのですか。**

一般的な住宅や集合住宅の場合、概ね 2300 ～ 2500 ミリ程度がその天井高となります。建築基準法では居室の天井高は 2100 ミリ以上と決められています。しかし皆さんは自由に発想することが大切です。日頃から様々な天井高の空間を意識的に体験して応用しましょう。

◉ 41　**「開口部の開け方」はどのように決めるのですか。**

開口部の役割をよく考えてみましょう。その開口部は内から外を眺めるためのものでしょうか？　あるいは、風や陽光を取り込むためのものでしょうか？　周辺環境や方位を意識し、用途に応じて開口部の大きさや形状を考えてみましょう。

◉ 42　「屋根の勾配」はどのように決めるのですか。

実務上では雨仕舞いを考慮して、屋根を葺く材料の性能に応じた勾配を付けます。例えば、瓦屋根の場合は4寸前後（4/10）の勾配とします。しかし、皆さんは自由に発想することが大切です。屋根は建築物の印象を決めたり、内部の構成に関連する重要な要素です。意図を持ってデザインするようにしましょう。

◉ 43　「階段の勾配」はどのように決めるのですか。

「R＝蹴上」「T＝踏面」とした時、「2R＋T＝630」となるように設定するとよいと言われています。また、バリアフリーを意識した階段の場合には、「550 ≦ 2R＋T ≦ 650」の範囲に設定するとよいといった基準もあります。しかし、身近にあるさまざまな階段を実際に測ってみるなどし、自らの経験から階段の勾配を考えてみることが大切です。

◉ 44　「スロープの勾配」はどのように決めるのですか。

建築基準法には「勾配は、1/8を超えないこと」とあります。また、バリアフリー法には「スロープの勾配は1/12以下として1/15以下が望ましい」☞p.29とあります。

◉ 45　「駐車場」や「駐輪場」の大きさはどれくらい必要ですか。

一般に、車1台分の駐車スペースは2500×5000ミリ程度を標準とします。また自転車一台分の駐輪スペースは600×2000ミリ程度を標準とします。また、車椅子の使用を行う車輌や緊急車輌の駐車スペースでは3500×5000ミリ程度を最小値として考える必要があります☞p.28。

◉ 46　「エレベーターのサイズ」はどのように考えたらよいですか。

各エレベーターメーカーの仕様や用途によってさまざまなサイズがあり、一律ではありません。エレベーターメーカーのホームページ等を見ると、それぞれのサイズが出ていますので、参考にするとよいでしょう。

◉ 47　「収納のサイズ」はどのように考えたらよいですか。

収納のサイズは、何をどのように収納するのかといった事を念頭に計画します。自らの経験から収納のサイズを考えてみましょう。なお、間口が狭く奥行の長い収納スペースは使いにくいものです。間口と奥行の関係にも注意しましょう。

◉ 48　「家具のサイズ」や「設備機器のサイズ」はどのように考えたらよいですか。

資料集成や関連する各教科書などに記載されていますので参照☞p.27してください。ただし、皆さんは身近にあるさまざまな家具や設備機器類のサイズを実際に測ってみるなどし、使う人に寄り添ったサイズを自ら考えてみることが肝要です。

［構造の考え方］……………………………………………………………

◉ 49　「柱間のスパン」はどうやって決めるのですか。

柱間のスパンには一般的な基準があります（木造の場合：3600～5400ミリ程度、RC造の場合：7000ミリ程度）。ただし、構造（柱間のスパン）が先にあって空間が計画されるのではありません。つくりたい空間があり、次にこれを構成するための構造を考えることが肝要です。まずは自由に発想してみましょう。

◉ 50　「壁の厚さ」はどうやって決めるのですか。

一般的な基準には捕らわれず、自ら考えることが大切です。厚い壁には厚い壁の、薄い壁には薄い壁の、それぞれの特徴があるものです。なお、壁の厚さは間仕切り壁は100ミリ程度、外壁は150～200ミリ程度です。RC壁式構造の場合は、300ミリ程度とします。一般的な壁の納まりについては☞折図ウラ、p.51, 65を参照。

◉ 51　「床の厚さ」はどうやって決めるのですか。

前項49,50に同様です。なお、一般的な床の納まりについては☞p.51, 65を参照。

◉ 52　「屋根の厚さ」はどうやって決めるのですか。

前項49,50に同様です。なお、一般的な屋根の納まりについては☞p.51, 65を参照。

◉ 53　1階はRC造、2階は木造といった「混構造」の建築物を設計したいです。どうすればよいのでしょう。

1階をRC造とした場合、2階スラブ（2階床の躯体）はコンクリートで構成されます。すなわち、2階部分は、平旦なコンクリート面の上に、新たに木造の建築物を構成するイメージを持てばよいでしょう。

【建築設計演習における悩みや疑問】

◉ 54　図面を描いているうちに紙面が汚れてしまいます。手も汚れます。どうしたらよいですか。

紙面の汚れの原因は、作図時の紙面と手や定規とのスレによるものと言ってよいでしょう。できるだけ手や定規が紙面とスレないように注意することが肝要です。また、図面の描き手が右利きの場合、図面はできるだけ左上から右下に向かって仕上げるようにします（左利きの場合は左右逆）。こうすることで、一度作図した部分への手や定規の戻りが少なくなくなり、紙面や手の汚れも軽減されます☞ p.8, 12。

◉ 55　図面を描くのが遅いので、早く描く方法を教えてください。

紙面全体に対し、通り芯なら通り芯、壁の捨て線なら捨て線といった、一定のまとまった作業を満遍なく行ってみましょう。各作業をまとめて行うことで作図の時間は短縮されます。一方、図面を早く描くことが特によいとも言い切れません。ゆっくり描くことで、作図をしながら設計に対する検証を行い、あるいは、新たな発想も生まれてくるかもしれません。「作図が遅いこと＝劣っている」ということではありません。気にすることはありません。

◉ 56　設計を行う際、どこから手をつけたらよいのか全く分かりません。どうしたらよいですか。

これから設計しようとする対象は、何に優先順位があるのかを考えてみましょう。例えば、設計しようとする建築物の眼下に素晴らしい景観が広がっているとします。ならば一番に、この景観を設計に取り入れてみたいと思います。何か考える「キッカケ」を「ひとつだけ」決めてみましょう。ポイントは考える「キッカケ」を「ひとつだけ」にすることです。 あるいは、自らが気に入った建築家や建築物を真似することから入っても構いません。ただし、「真似」と「コピー」は異なります。「コピー」にならないように注意しましょう。

◉ 57　計画がいつまでもまとまりません。どうしたらよいですか。

課題には提出という締切りがあります。時間を決めて割り切りましょう。建築設計には、常に「不安」と「やり残し」が付きまといます。これは次の計画に反映させればよいのです。失敗を恐れずに「やってみる」ことです。

◉ 58　自分が設計した建築物のコンセプトを、先生や友人に上手く伝えられません。どうしたらよいですか。

プレゼンテーション時には、自分が考えたことのすべてを伝えたいと思うものです。でも、そう思えば思うほど、どこから伝えたらよいのか分からなくなってしまいます。まずは、設計した際に「何を一番に大切にしたか」について整理してみましょう。「大切なことをひとつだけ」が伝えられればよいではないですか。

◉ 59　近年ではCADによる3Dパースの精度が上がり、まるで写真のような表現ができるようになりました。それなのに、模型をつくる必要があるのでしょうか。

模型の意義は設計した対象を「立体物」として物理的に確認できることにあります。スタディ段階やプレゼンテーション時に、対象を立体物として確認できる分かりやすさは有用です。また、パースでは見た目の空間にひずみが生じます。正確な空間ボリュームを把握するには、模型でなくてはなりません。この他にも模型にはさまざまな使い方があります☞ p.73（「模型のつくり方・使い方」参照）。

◉ 60　建築物を見たり考えたりすることは好きなのですが、図面を描いたり、模型をつくったりするのが嫌で仕方がありません。どうしたらよいですか。

建築関連学科を卒業後の進路は多様です。近年では自らは建築設計を行わない「建築プロデュース業」も注目を集めています。課題は通過点と割り切って切り抜けましょう。必要最低限の提出物を期限までに提出すれば、先生もやみくもに不合格とはできないものです。

◉ 61　入学した途端、高価な製図用具をたくさん買わされて閉口しています。なんとかなりませんか。

必ずしも新品を揃える必要はありません。先輩や知り合いが使用していたものを譲ってもらったり貸してもらったりしましょう。一方、製図用具は大切に使用すれば一生物です。筆者などは、学生時代に購入した製図用具を 30 年近く経った今も使用しています。学生時代に購入したシャープペンシルはさすがに壊れてしまいましたが、同じものを再度購入し、これをかれこれ 10 年以上使用しています。こうなると筆者の建築設計人生における大切な相棒です。製図用具とはそういうものだと思います。

■編著者
藤木庸介（ふじき・ようすけ）
滋賀県立大学人間文化学部生活デザイン学科准教授・遊工舎一級建築士事務所
一級建築士・博士（工学）

柳沢　究（やなぎさわ・きわむ）
京都大学大学院工学研究科建築学専攻准教授・一級建築士事務所究建築研究室
一級建築士・博士（工学）

■執筆者
田中建史（たなか・たけし）
田中のデザイン研究所
イラストレーター・パースデザイナー

長野良亮（ながの・りょうすけ）
長野良亮建築設計事務所・京都精華大学・京都芸術大学ならびに大阪産業大学非常勤講師
一級建築士

梅本友里恵（うめもと・ゆりえ）
工務店設計部勤務
二級建築士

■模型協力
茨木香穂里（立命館大学大学院理工学研究科）
宮田侑果利（立命館大学大学院理工学研究科）
太田沙希（滋賀県立大学人間文化学部生活デザイン学科）

■図版協力
松本　裕（大阪産業大学）／ p.81 上 敷地模型作成例（『卒業設計コンセプトメイキング』より）

初歩からの建築製図

2015 年 1 月 1 日　第 1 版第 1 刷発行
2016 年 2 月 10 日　第 2 版第 1 刷発行
2021 年 7 月 20 日　第 2 版第 3 刷発行

編著者　藤木庸介・柳沢　究
執筆者：田中建史・長野良亮・梅本友里恵
発行者　前田裕資
発行所　株式会社学芸出版社
京都市下京区木津屋橋通西洞院東入
〒 600-8216　電話 075・343・0811
編集担当：知念靖廣
イチダ写真製版／山崎紙工
装丁：KOTO DESIGN Inc. 山本剛史

ISBN978-4-7615-2587-3　Printed in Japan